ELÉMENTS

DE LA PERCEPTION

DU DROIT D'ENREGISTREMENT

PAR

E.-J. DUFRESNE

Receveur de l'Enregistrement

CONSIDÉRATIONS GÉNÉRALES

REFONTE MÉTHODIQUE DE LA LÉGISLATION

TABLEAUX DE CONCORDANCE AVEC LES INSTRUCTIONS DE

L'ADMINISTRATION

PARIS

POULET-MALASSIS ET DE BROISE

LIBRAIRES-ÉDITEURS

97, rue Richelieu et passage Mirès

1860

ÉLÉMENTS

DE LA PERCEPTION

DU DROIT D'ENREGISTREMENT

ÉLÉMENTS

DE LA PERCEPTION

DU DROIT D'ENREGISTREMENT

COMPRENANT

DES CONSIDÉRATIONS GÉNÉRALES SUR CET IMPOT

ET UNE

REFONTE MÉTHODIQUE DE LA LÉGISLATION QUI LE RÉGIT LE 1er JANVIER 1860

PAR

E.-J. DUFRESNE

Receveur de l'Enregistrement

PARIS

POULET-MALASSIS ET DE BROISE

LIBRAIRES-ÉDITEURS

9, rue des Beaux-Arts

—

1860

PRÉFACE

—

Le plan et l'objet de ce livre sont suffisamment indiqués par son titre.

Malgré les excellents ouvrages généraux ou spéciaux, qui ont été publiés sur l'impôt de l'enregistrement, il m'a semblé que celui-ci pouvait être de quelque utilité en présentant l'ensemble de la législation dans une synthèse méthodique, aussi exacte que j'ai pu la faire, aussi complète que me l'ont permis les conditions de brièveté que je m'étais imposées.

Mon intention a été de composer ainsi un manuel pratique, dans lequel il serait facile de trouver, avec les articles des tarifs, les textes des lois qui sont aujourd'hui en vigueur, et dont le développe-

ment et le commentaire ont eu le privilége d'exercer les meilleurs esprits.

*Faciliter l'étude et l'application de l'impôt de l'enregistrement, en coordonnant dans un seul texte les dispositions qui ont successivement modifié la loi du 22 frimaire an **VII**, tel est le but que je me suis proposé.*

Si ce livre peut avoir quelque utilité, je serai suffisamment récompensé de mes efforts.

Moulins-la-Marche 1860.

CONSIDÉRATIONS PRÉLIMINAIRES

CONSIDÉRATIONS PRÉLIMINAIRES

*Nature et origine de l'impôt de l'enregistrement : double carac-
tère de la formalité, coup d'œil sur les principes de la loi
du 21 frimaire an VII ; modifications qu'elle a subies ; difficultés que présente la perception de cet impôt.*

La nature et le mode de perception de l'impôt de
l'enregistrement sont indiqués dans les articles 2 et 7
de la loi décrétée par l'Assemblée nationale le 5 décembre 1790, promulguée le 19 du même mois, ainsi
conçus :

ARTICLE 2.

« Les actes des notaires et les exploits des huissiers
seront assujettis dans toute l'étendue du royaume à un
enregistrement pour assurer leur existence et constater leur date.

1.

» Les actes judiciaires seront soumis à la même formalité...

» Les actes passés sous signatures privées y seront pareillement sujets...

» Enfin le titre de toute propriété ou usufruit de biens immeubles, réels ou fictifs, sera de même enregistré.

» A défaut d'actes en forme ou sous signatures privées, contenant translation de nouvelle propriété, il sera fait enregistrement de la déclaration que les propriétaires et les usufruitiers seront tenus de fournir de la consistance et de la valeur de ces immeubles, soit qu'ils les aient recueillis par succession ou autrement, en vertu des lois et coutumes, ou par l'échéance des conditions attachées aux dispositions éventuelles.

» A raison de cette formalité, il sera payé un droit dont les proportions seront déterminées d'après la nature des actes et les objets des déclarations.

ARTICLE 7.

» L'enregistrement se fera en rappelant sur le registre à ce destiné, par extrait et dans un même contexte, toutes les dispositions que l'acte contiendra. »

L'article premier de cette loi abolit les droits qui se percevaient précédemment sous les titres de contrôle, insinuation, centième denier, ensaisinement, scel, droits réservés, quatre deniers pour livre, amortissement, nouvel acquêt, usage, etc.

La suppression de ces droits, formant le premier article de la loi qui créait l'impôt de l'enregistrement, indique que des rapports nombreux et plus importants qu'un simple ordre de succession chronologique existaient entre l'ancien et le nouvel état de choses, malgré les modifications profondes, nécessitées par la substitution d'un impôt unique à la multiplicité de ceux dont nous avons énuméré une partie.

Sous ce point de vue le contrôle et le centième denier offrent un intérêt particulier.

Le premier avait été créé par une ordonnance rendue à Blois en 1581, dont il est utile de rappeler les motifs :

« Considérant combien est louable et digne de nostre grandeur... de faire cesser les fraudes et faulsetez qui se commettent chaque jour par aucuns notaires de nostre royaume ès actes qu'ils reçoivent avec antidate et transposition de temps, avons par cestuy nostre edict statué et statuons... que par quelque contract que ce soit... ne pourra être acquise seigneurie... s'ils ne sont enregistrez dans les deux mois d'iceux, ès registres qui seront ordonnez aux bailliages, sénéchaussées et autres jurisdictions, et pour ce seront commis des contrerolleurs, deputez pour cet effet, lesquels seront tenus de mettre au dos des dicts contrats l'acte du dict enregistrement, faisant mention du jour et an et du feuillet où ils auront été enregistrez..... auxquels offices de contrerolleurs seront pourvus de bons et notables personnages. »

L'obligation de la formalité du contrôle fut étendue

aux exploits par un édit de 1654 ; aux actes de greffe par une déclaration de 1699, et aux actes sous signatures privées par un édit de 1705.

On voit que c'est un but d'utilité publique qui avait motivé sa création : constater l'existence des actes, assurer leur date et par là contribuer puissamment au maintien de l'ordre social en sauvegardant les intérêts particuliers et en prévenant des fraudes fécondes en contestations ruineuses.

Quant au droit de centième denier, créé par un édit de décembre 1703, modifié par une déclaration du roi du 19 juillet 1704, des édits d'octobre 1705, mars et juillet 1708, et un arrêt du conseil en forme de réglement, du 15 septembre 1722, il constituait en dernier lieu le salaire de l'insinuation, formalité qui d'abord avait eu pour objet de rendre publics seulement les actes translatifs de propriété qui pouvaient donner ouverture à des droits seigneuriaux, et avait été appliquée depuis aux mutations par décès, en ligne collatérale.

Les articles 2 et 7 de la loi du 5-19 décembre 1790, qui n'ont point été abrogés, indiquent ce que la législation nouvelle a emprunté à l'ancienne.

Comme autrefois, l'enregistrement consiste dans la mention par un extrait, fait dans un seul contexte, sur des registres à ce destinés et arrêtés jour par jour, des principales dispositions des actes qui y sont soumis, et dans la transcription des déclarations passées par les nouveaux propriétaires, les héritiers ou légataires.

L'accomplissement de cette formalité fait acquérir aux actes sous seing privé date certaine contre les tiers. (Code Napoléon, 1328, 1743, 1750.)

Avant la loi de 1790, la présentation de l'acte au contrôle constituait un des caractères de validité à défaut desquels il ne pouvait conférer aucun droit de propriété ou d'hypothèque. Un système aussi radical était trop contraire aux principes qui dominent aujourd'hui le droit civil, pour pouvoir être maintenu ; il eût été d'ailleurs en opposition avec l'authenticité accordée aux actes passés devant les officiers publics, et à ceux émanant de l'autorité judiciaire.

D'autres causes encore ont contribué à cette modification : si une utilité incontestable avait inspiré la création du contrôle, cette formalité était devenue peu à peu et graduellement l'occasion de la perception d'un impôt dont l'importance allait toujours augmentant. Il est facile de voir par l'extension qu'il a continué de prendre depuis son origine, que les législateurs successifs qui ont formulé les règles qui le gouvernent ont été de plus en plus dominés par la considération des ressources qu'on pouvait lui demander.

« Le droit d'enregistrement est aujourd'hui l'une de nos principales contributions, son produit net dans l'an VI s'est élevé à 63,090,000, cette somme est inférieure à celle que l'on s'était promise... l'objet de la résolution est d'élever les produits des droits d'enregistrement. » (Crétet au Conseil des Anciens. Séance du 17 brumaire an VII.)

On comprend aisément, en effet, quel admirable instrument de production offre cet impôt qui frappe tous les actes, toutes les conventions que les relations civiles et commerciales font naître chaque jour, qui atteint la fortune dans chacune de ses modifications, se multiplie avec les mutations de biens de toute nature, et trouve dans le développement de l'industrie, dans le perfectionnement des institutions financières, dans l'organisation nouvelle du crédit qui caractérisent notre époque, de nouveaux éléments d'augmentation auxquels nulle prévision humaine ne peut assigner une limite.

Aussi le montant des droits qui était, ainsi qu'on l'a vu plus haut, de 63,000,000 pour l'an VI, présente, depuis cette époque, une augmentation constante qui l'a élevé de nos jours à plus de 200,000,000.

Il n'y a donc pas lieu de s'étonner si le caractère de mesure financière a, peu à peu, absorbé celui que présentait le contrôle lors de son établissement, et si une modification semblable s'est produite dans la nature des peines qui forment la sanction de la loi.

Nous l'avons dit déjà, la nullité résultant de la non présentation de l'acte à la formalité, n'était plus possible; aussi cette répression rigoureuse avait-elle presque complétement disparu dans les dispositions de la loi de l'an VII, et des deux seules exceptions qu'elle renfermait encore, l'une pour les actes d'huissier et les procès-verbaux (art. 34), l'autre pour les contre-lettres (art. 41), la seconde est abolie par l'art. 1321 du Code Napoléon, et la première a perdu une grande partie de son extension par suite des arrêts de la Cour de cassation des 1er mars 1811, 16 janvier 1824, 7 janvier 1826, 23 février 1827, 27 juillet 1827 et 3 juillet 1830.

Les motifs de ce changement ressortent de ce qui précède : la loi de l'enregistrement est devenue, aujourd'hui surtout, une loi de finances, et l'obligation qu'elle impose constitue une formalité étrangère à la substance de l'acte, formalité qui n'a ni pour objet ni pour effet de constater l'existence, la sincérité ou la validité de son contenu, et dont le défaut, par conséquent, ne peut en altérer les effets. (Cour de cassation, 31 mars 1848, 28 décembre 1858.) Aussi, n'est-ce plus par la nullité, mais par des peines pécuniaires que les retards et les autres infractions sont punies, et ce principe ressort d'une façon évidente de la discussion du Conseil d'Etat à la suite de laquelle a été rédigé l'article 1321 du Code Napoléon.

Ce serait cependant tomber dans une erreur profonde que penser que les service rendus par l'admitration de l'enregistrement se bornent à donner une date certaine aux actes sous signatures privées, et à recouvrer un impôt qui est l'une des plus importantes ressources de l'Etat.

Les employés de l'enregistrement sont admirablement placés, par la nature de leurs fonctions, pour exercer une surveillance qui est d'une utilité générale de l'ordre le plus élevé.

Tous les actes des notaires, ceux des huissiers, des greffiers, les actes émanant des tribunaux, ceux des administrations centrales et municipales, les actes sous seings privés sont disposés dans les bureaux pour y recevoir la formalité. Les actes, pour être réguliers, doivent réunir certaines conditions; et, indépendamment des lois générales qui obligent tous les citoyens, chacun des officiers publics est assujetti à des dispositions spéciales qui déterminent les formes des actes qu'il rédige, et lui imposent, soit dans un intérêt particulier, soit dans l'intérêt de la société, des devoirs qui varient avec les fonctions.

Ces lois sont nombreuses, et d'une étude longue et difficile si elle n'est facilitée par une application multipliée; une surveillance incessante et active peut seule garantir leur exécution complète. Ce résultat est d'autant plus important, que souvent l'oubli ou la violation de leurs prescriptions ne constitue pas de simples infractions, mais renferme des occasions de contestations ou même des causes de nullité qui compromettent, d'une façon quelquefois irréparable, les intérêts de parties que l'ignorance des affaires ou la volonté même de la loi ont contraintes de recourir au ministère des officiers publics. La probabilité d'échapper à une pénalité souvent éludée engendrerait des abus dont peuvent donner une idée ceux qui existent encore, malgré les moyens de répression employés aujourd'hui. La négligence deviendrait la source d'irrégularités chaque jour plus nombreuses, et dont les fraudes de toutes sortes profiteraient pour augmenter un désordre à la faveur duquel elles resteraient le plus souvent impunies. Si malgré les peines sévères que prononce la loi, malgré les moyens puissants dont elle dispose, ses prescriptions sont encore si souvent éludées ou inexécutées, quelle confusion ne présenteraient pas les actes, quels embarras ne compliqueraient pas les situations qui auraient dû être les plus simples, quels abus, et des plus graves, ne se glisseraient pas inaperçus à la faveur du trouble général ?

Pour éviter un semblable état de choses, qui constituerait une véritable calamité publique, il était indispensable de confier la surveillance de l'exécution de ces lois, nombreuses et spéciales, à un corps de fonctionnaires qui constituât une sorte de magistrature, intelligente pour être utile, modérée pour ne pas exagérer les prescriptions de la loi, et surtout honorable, afin d'avoir une autorité incontestée.

La facilité que donnait aux employés de l'enregistrement le dépôt entre leurs mains des actes présentés à la formalité les désignait naturellement pour ces fonctions ; elles leur ont été confiées, et, soyons fiers de le dire, l'administration est restée à la hauteur de cette mission, qui l'a faite à la fois dépositaire des secrets des familles et gardienne d'une partie importante de leurs intérêts.

La loi des 5-19 décembre 1790 ne régit point longtemps la perception du nouvel impôt de l'enregistrement ; des changements profonds lui furent apportés par les lois des 9 octobre 1791, 14 thermidor an IV et 9 vendémiaire an VI.

La nécessité de refondre et de coordonner l'ensemble confus des mesures successivement édictées motiva la présentation de la loi du 22 frimaire an VII.

« Le concours de tant de mesures nouvelles n'admettant pas la possibilité de procéder par voie d'addition aux lois anciennes, la presque totalité de leurs dispositions devant être modifiée, il a été nécessaire de leur substituer une loi générale qui va devenir le code complet de la contribution du droit d'enregistrement. » (Cretet, rapport au Conseil des Anciens.)

L'analyse rapide des douze titres qu'elle renferme suffira pour donner une idée générale de la théorie de l'impôt tel qu'elle l'a établi.

TITRE I

De l'enregistrement et de l'application des droits.

L'article 2 divise les droits en deux classes :

Le droit fixe, qui s'applique aux actes de toute espèce qui ne contiennent ni obligation, ni libération, ni condamnation, collocation ou liquidation de sommes et valeurs, ni transmission de propriété d'usufruit ou de jouissance de biens meubles ou immeubles ;

Le droit proportionnel, établi pour les obligations, libérations, condamnations, collocations et liquidations de sommes et valeurs, et pour toute transmission de propriété, d'usufruit ou de jouissance de biens meubles et immeubles, soit entre vifs, soit par décès.

Les droits fixes ne se porçoivent que sur des actes présentés à la formalité, tandis que l'exigibilité du droit proportionnel est, dans certains cas, complétement indépendante de l'existence d'un écrit. Cette différence est la base d'une autre classification en *droits d'acte* et *droits de mutation :* les premiers ne pouvant être perçus que sur l'acte qui constate directement ou indirectement l'existence des conventions tarifiées (droits fixes, droit d'obligation, de quittance, de cessions mobilières, etc....); les seconds exigibles par le fait seul d'une mutation (transmissions par décès, transmissions d'immeubles entre vifs, de toute nature).

TITRE II

Des valeurs sur lesquelles le droit proportionnel est
assis et de l'expertise.

Les premiers articles de ce titre déterminent, pour
les meubles et pour les immeubles, suivant la nature
des actes et mutations, la manière dont doivent être
établies les valeurs sur lesquelles le droit proportionnel
est perçu.

Les derniers articles fixent les conditions, les délais
et les formes dans lesquels l'administration de l'enregistrement a le droit de faire constater, par voie d'expertise, les dissimulations et fausses déclarations.

Quelque rigoureuse que puisse paraître cette faculté,
il est facile de se convaincre qu'elle est indispensable :
les plus importants et les plus onéreux des droits d'enregistrement sont liquidés sur des valeurs déterminées par la déclaration des parties. On comprend, dès
lors, quelle voie facile ce système ouvrait à une fraude
qui, chaque jour plus habile et plus hardie, eût sous-
trait une valeur, chaque année plus considérable, à

l'impôt qui eût subi une diminution à laquelle l'exagération des tarifs n'eût apporté qu'un remède inutile.

Ces considérations ont motivé l'adoption du droit d'expertise, malgré les inconvénients que présentait cette mesure, inconvénients qui n'ont point échappé au législateur de l'an VII, qui les exposait et y répondait en ces termes :

« Le résultat de ces précautions exagérées (le droit de provoquer l'expertise) est tel qu'il peut entourer d'inquiétude même les stipulations exprimées de bonne foi. Mais si l'on considère que, du moment où le droit d'enregistrement a cessé d'être protégé par l'influence des retraits et de la lésion d'outre moitié, ce droit a été compromis, au point le plus alarmant, par les dissimulations poussées jusqu'au scandale ; si l'on considère aussi que cette fraude s'accroît d'une manière alarmante, et qu'elle fait naître la plus grande inégalité entre les contribuables de bonne foi et ceux qui dissimulent le véritable prix des mutations, on sera convaincu que l'intérêt public commande l'interposition d'une puissante répression : on aurait vainement cherché d'autre moyen que celui de l'expertise. Il est pénible, sans doute, de recourir à une telle mesure ; mais espérons qu'elle agira bien plus par la menace que par l'action. La régie de l'enregistrement est connue par la modération de ses procédés ; elle n'usera de l'expertise que dans les cas indispensables. Par là sa sagesse lui conservera l'estime des citoyens et la confiance du gouvernement. »

TITRE III

Des délais pour l'enregistrement des actes et déclarations

Généralement sont assujettis à la formalité dans un délai fixé tous les actes émanant d'officiers publics, les actes sous signatures privées contenant transmissions immobilières, les transmissions de biens de même nature effectuées sans acte, et les mutations par décès. Pour tous autres actes et mutations l'enregistrement peut être donné seulement lorsque les parties le requièrent. L'acquittement du droit est donc obligatoire pour les actes et mutations de la première catégorie, facultatif pour ceux de la seconde puisqu'il peut être retardé sans augmentation jusqu'au moment où la nécessité de les produire en justice, la volonté des parties, ou toute autre cause étrangère les soumet à l'impôt.

TITRE IV

Des bureaux où les actes et mutations doivent être enregistrés

Pour concilier autant que possible la commodité des parties avec les conditions d'une surveillance efficace, le législateur a prescrit que l'enregistrement aurait lieu, pour les actes des officiers publics, au bureau dans le canton duquel ils exercent leurs fonctions; pour les mutations par décès, à celui du domicile du décédé et de la situation des immeubles; pour les actes sous seings privés, à celui où ils seront présentés.

TITRE V

Du paiement des droits

La perception de l'impôt se serait trouvée entravée par une difficulté presque insurmontable, et surtout inconciliable avec la brièveté des délais déterminés dans la majeure partie des cas, si les agents de l'administration avaient été chargés de recouvrer les droits sur les parties directement. Aussi, restreignant ce mode de perception aux mutations par décès, aux actes sous seings privés, et à ceux qui sont remis immédiatement aux requérants, la loi a imposé aux officiers publics, sauf quelques exceptions qu'elle détermine, la charge d'acquitter les droits des actes qu'ils rédigent, et à tous l'obligation de les payer avant l'enregistrement.

TITRE VI

Des peines pour les contraventions

Ce titre contient la sanction du titre relatif aux délais, et fixe les peines dont sont passibles les fausses déclarations et les omissions.

Toutes ces infractions sont reprimées seulement par des amendes ou des droits en sus, sauf deux exceptions qui prononcent en outre la nullité de l'acte.

TITRE VII

Obligations diverses des officiers publics, des parties
et des receveurs

Ce titre réunit les dispositions diverses qui ne ren-
traient pas dans le cadre tracé par les autres ; les
principales sont :

La défense à toute autorité publique d'agir en vertu
d'actes non enregistrés ;

La création de répertoires destinés à l'inscription
par les officiers ministériels des actes qu'il rédigent;

Le droit accordé aux employés de l'enregistrement
de faire dans différents dépôts publics les recherches
intéressant l'Etat ;

L'obligation pour les mêmes de donner ou de refu-
ser connaissance, suivant les circonstances, de leurs
registres qui renferment le résumé de renseignements
dont le secret doit être conservé avec une discrétion
dont il est facile de comprendre l'importance.

—

TITRE VIII

Des droits acquis et des prescriptions

Le droit d'enregistrement étant établi sur des conventions et des mutations diversement tarifées suivant leur espèce, et pour cette raison souvent dénaturées, la quotité et quelquefois même l'exigibilité de l'impôt donne lieu à des contestations dont la solution appartient à l'autorité judiciaire.

C'eût été jeter dans les finances un désordre impossible que d'accorder aux parties un délai trop long pour réclamer contre les perceptions par lesquelles elles se croient lésées. Un tel état de choses eût grevé chaque budget de la charge incalculable des réclamations en restitution des droits perçus depuis dix, vingt, trente ans. Cependant la nécessité de l'ordre des finances devait être conciliée avec l'intérêt des parties et l'obligation de leur laisser un temps suffisant pour s'éclairer d'une manière complète sur l'exigibilité de sommes qu'elles ont été contraintes de verser avant la formalité.

Les articles 60 et 61 ont consacré ce double résultat,

en décrétant, le premier, que tout droit régulièrement perçu n'est pas restituable, le second en fixant à deux années la prescription pour les demandes de restitution de droits par les parties, et de supplément par l'administration.

Les autres dispositions de ce titre fixent diverses prescriptions particulières.

TITRE IX

Des poursuites et instances

Les parties peuvent se pourvoir contre les perceptions qu'elles trouvent exagérées par une réclamation sur laquelle l'administration est appelée à se prononcer.

Si leur demande est rejetée, l'affaire appartient aux tribunaux civils, devant lesquels elle est instruite suivant des règles dont la simplicité n'a point été modifiée par les dispositions du Code de procédure civile, qui complète du reste la loi spéciale lorsqu'elle est muette ou insuffisante, et ne contient pas d'ailleurs une dérogation formelle au droit commun.

TITRE X

De la fixation des droits

Le tarif est partagé en deux parties correspondant naturellement à la division des droits en fixes et proportionnels.

La première contient dans sept paragraphes l'énumération des actes assujettis aux droits fixes, dont la quotité varie de 1 à 25 francs ;

La seconde, dans huit paragraphes, la liste des actes et mutations qui donnent ouverture aux droits proportionnels, qui s'élèvent depuis vingt-cinq centimes jusqu'à cinq francs par cent francs sur les valeurs liquidées d'après les règles qui font l'objet de la première partie du titre deuxième.

L'intention du législateur avait été d'abord d'établir une seule quotité de droit fixe et de droit proportionnel : une telle disposition eût eu le double avantage de simplifier singulièrement la perception et de prévenir presque toute contestation. La nécessité d'augmenter le produit de l'impôt força d'abandonner ce système et d'y substituer celui qui est encore en vigueur, dans lequel l'élévation du droit, fixe ou proportionnel, varie suivant la nature des actes et des mutations.

Un tarif sagement élaboré peut d'ailleurs être considéré comme un instrument utile dans la main du législateur, à cause de la facilité qu'il lui offre d'établir, entre les faits qui donnent ouverture à la perception, des différences correspondant à leur dégré d'utilité ou de moralité, allégeant pour les uns l'impôt qu'il fait peser plus lourdement sur les autres.

TITRE XI

Des actes à enregistrer en débet et gratis, et de ceux
exempts de la formalité

Les termes de la loi, l'exercice complet de la surveillance confiée à l'administration de l'enregistrement
assujettissent à la formalité des actes qui ont nécessité
des exceptions à la règle générale du paiement des
droits.

Les uns ont pour objet la poursuite et la répression
des délits et contraventions aux réglements de police
et le paiement n'en peut être réclamé, ainsi que celui
des autres frais, que lorsqu'un jugement a condamné le
délinquant à l'effectuer.

Les autres concernent l'Etat, et les frais en tombent
à sa charge, ou se présentent dans des conditions mé-
ritant une faveur spéciale à cause de la modicité ou de
la nature de leur objet.

Les premiers sont enregistrés en débet, c'est-à-dire
sans paiement immédiat du droit dont le recouvre-

ment est ajourné jusqu'à l'accomplissement des conditions qui le rendent exigible ;

Les seconds, gratis, c'est-à-dire sans paiement d'aucun droit.

Le paragraphe 3 du même titre contient l'énumération des actes exempts de la formalité : la nature de ces actes indique les motifs d'ordre public qui ont motivé ces exceptions.

Le titre XII, renferme des dispositions transitoires qui sont sans application aujourd'hui.

La loi du 22 frimaire an VII a subi jusqu'à nos jours de nombreuses modifications : les unes inspirées par la nécessité d'augmenter les ressources des finances ont élevé les droits qu'elle avait fixés, d'autres ont complété des lacunes que les changements introduits dans la loi civile ou l'insuffisance même du texte primitif indiquaient à l'attention du législateur, quelques-unes enfin, et ce sont les plus récentes, ont imposé à la fortune mobilière trop longtemps favorisée d'une immunité qui n'avait pas de raison d'être maintenue, une plus large part dans la contribution aux charges de l'Etat.

Il y a lieu de noter aussi l'accroissement considérable du nombre des actes auxquels la formalité est donnée en débet ou gratis ou qui en sont exempts. La nécessité de divers services publics, la faveur de plus en plus grande accordée à certains actes concernant les indigents, les ouvriers, et ayant pour objet leur moralisation ou la garantie de leur bien-être, ont motivé ces exceptions qui témoignent davantage combien les considérations morales doivent avoir de part dans la rédaction des lois d'impôts.

Tous ces changements sont l'objet d'articles épars généralement dans les lois qui règlent les budgets de chaque année, et il est souvent à regretter que chacun de ces amendements successifs n'ait pas été suffisamment mis en harmonie avec les dispositions qu'il laissait en vigueur, ou qu'une rédaction insuffisante l'ait rendu inutile pour atteindre le but qui l'avait motivé.

Si l'on ajoute à ces lois l'ensemble des ordonnances, des décrets, des décisions rendues pour leur interprétation, et l'autorité d'une jurisprudence qui a modifié et même abrogé certaines dispositions de la loi, étendu et fixé quelques autres, on se fera une idée des matières dont l'étude est indispensable pour l'application du droit d'enregistrement.

Cette connaissane d'ailleurs serait insuffisante si elle n'était complétée par celle de la législation civile.

Le simple examen des tarifs suffit pour convaincre que l'intention du législateur a été de frapper de l'impôt tous les actes et toutes les mutations qui peuvent se produire, sauf les exceptions qu'il a déterminées.

Mais les conventions ne se présentent point toujours isolées et avec l'ensemble des caractères par lesquels la loi a distingué le type de chacune qu'elle pouvait seul définir ; il en est même rarement ainsi dans la pratique. L'intérêt des parties, le jeu des affaires les compliquent souvent l'une par l'autre, quelquefois les confondent d'une façon tellement intime qu'il est difficile d'apprécier exactement la nature et l'effet de la combinaison nouvelle à laquelle elles ont donné naissance.

Si à cette première source de difficultés, on ajoute celle non moins abondante résultant des formes factices ou frauduleuses dictées par le désir d'échapper à l'impôt ou d'en éviter une partie, il est facile de comprendre de quelle importance est pour l'employé chargé de la perception une connaissance approfondie de la loi civile qui seule peut lui aider à trouver, sous les stipulations étrangères qui la dissimulent, la convention qui est le véritable objet de l'acte, à en déterminer la nature et les effets, afin de lui appliquer le droit qu'elle doit supporter.

Cette appréciation constitue la partie la plus difficile du travail de l'employé, obligé souvent de la faire avec une précipitation qui ne lui permet pas de recourir à d'autres guides que son jugement et sa mémoire.

Ces considérations expliquent le nombre et l'importance des contestations auxquelles donne lieu l'impôt de l'enregistrement, et les indécisions souvent prolongées de la jurisprudence, dans une matière qui se prête d'une façon remarquable à des subtilités de discussion qui amènent souvent des solutions importantes dans la science du droit. A ce point de vue même on peut affirmer que les instances de cette espèce intéressent souvent autant l'ordre public que le produit des finances, et l'on pourrait citer plus d'une question remarquable par ce double caractère, agitée et résolue à l'occasion de l'application des tarifs.

On voit par ce qui précède combien est utile la connaissance exacte et complète des lois sur l'enregistrement.

J'ai pensé que ce serait faciliter cette étude que de présenter en un seul texte l'ensemble de la législation actuelle, en prenant pour cadre celui de la loi du 22 frimaire an VII, dont l'esprit et le texte ont été élaborés avec un soin et une science remarquables, en le conservant autant que le permettaient les modifications qui y ont été apportées, et en le complétant par l'addition des dispositions nouvelles sous les titres auxquels elles se rattachent.

J'ai fait précéder cette refonte de la table chronologique des principales lois, décrets et ordonnances qui en constituent les éléments.

—

TABLE CHRONOLOGIQUE

DES

LOIS, DÉCRETS ET ORDONNANCES CITÉS DANS LA REFONTE

TABLE CHRONOLOGIQUE

DES

LOIS, DÉCRETS ET ORDONNANCES·CITÉS DANS LA REFONTE

—

Loi du 26 vendémiaire an VII.

22 frimaire an VII.

22 pluviôse an VII.

21 ventôse an VII.

6 prairial an VII.

27 ventôse an IX.

15 floréal an X.

25 ventôse an XI.

5 ventôse an XII.

Décret du 31 mai 1807.

12 août 1807.

26 avril 1808.

24 juin 1808.

Loi du 15 novembre 1808.

Décret du 17 mai 1809.

22 décembre 1812.

14 juin 1813.

Ordonnance du 9 décembre 1814.

Loi du 28 avril 1816.

Ordonnance du 22 mai 1816.

Loi du 25 mars 1817.

Ordonnance du 10 décembre 1817.

Loi du 21 avril 1818.

Loi du 15 mai 1818.

Ordonnance du 29 octobre 1820.

Loi du 16 juin 1824.

8 septembre 1830.

22 mars 1831.

21 avril 1832.

24 mai 1834.

12 mai 1835.

21 mai 1836.

20 juillet 1837.

Ordonnance du 17 avril 1839.

Loi du 3 mai 1841.

25 juin 1841.

19 juillet 1845.

Décret du 8 mars 1848.

23 mars 1848.

24 mars 1848.

Loi du 15 novembre 1848.

15 mars 1849.

30 avril 1849.

7 mai 1849.

18 mai 1850.

13 juin 1850.

18 juin 1850.

10 juillet 1850.

15 juillet 1850.

7 août 1850.

10 décembre 1850.

22 janvier 1851.

22 février 1851.

Loi du 30 mai 1851.

Décret du 28 février 1852.

23 avril 1852.

Loi du 8 juillet 1852.

Décret du 10 août 1853.

16 août 1853.

9 novembre 1853.

1 mars 1854.

Loi du 6 juin 1857.

23 juin 1857.

Décret du 17 juillet 1857.

Loi du 28 mai 1858.

11 juin 1859.

—

REFONTE

DES

LOIS, DÉCRETS, ORDONNANCES, etc.

QUI RÉGISSENT

L'IMPOT DE L'ENREGISTREMENT

LE 1ᵉʳ JANVIER 1860

REFONTE

DES

LOIS, DÉCRETS, ORDONNANCES, etc.,

QUI RÉGISSENT

L'IMPOT DE L'ENREGISTREMENT

LE 1ᵉʳ JANVIER 1860

—

TITRE I

De l'enregistrement, des droits et de leur application

1. — Les droits d'enregistrement sont fixes ou proportionnels, suivant la nature des actes et mutations
qui y sont assujettis.

(Loi du 22 frimaire an VII, art. 2.)

2. — Le droit fixe s'applique aux actes soit civils,
soit judiciaires ou extrajudiciaires qui ne contiennent
ni obligation, ni libération, ni condamnation, colloca-

tion ou liquidation de sommes ou valeurs, ni transmission de propriété, d'usufruit ou de jouissance de biens meubles et immeubles.

(Loi du 22 frimaire an VII, art. 3.)

3. — Le droit proportionnel est établi pour les obligations, libérations, condamnations, collocations ou liquidations de sommes ou valeurs, et pour toute transmission de propriété d'usufruit ou de jouissance de biens meubles et immeubles, soit entre vifs soit par décès.

Il est assis sur les valeurs.

(Loi du 22 frimaire an VII, art. 4.)

4. — La perception du droit proportionnel suivra les sommes et valeurs, de vingt francs en vingt francs, inclusivement et sans fractions.

(Loi du 27 ventôse an IX, art. 2.)

5. — Il n'y a point de fraction de centime dans la liquidation du droit proportionnel : lorsqu'une fraction de somme ne produit pas un centime de droit, le centime est perçu au profit de l'Etat.

(Loi du 22 frimaire an VII, art. 5.)

6. — Il ne pourra être perçu moins de vingt-cinq centimes pour l'enregistrement des actes et mutations dont les sommes et valeurs ne produiraient pas vingt-cinq centimes de droit proportionnel.

(Loi du 27 ventôse an IX, art. 3.)

7. — Les marchés et traités réputés actes de commerce par les articles 632, 633, 634, n° 1 du code de commerce, faits ou passés sous signatures privées, et

donnant lieu au droit proportionnel, seront enregistrés provisoirement moyennant un droit fixe de deux francs, et les autres droits fixes auxquels leurs dispositions peuvent donner ouverture. Les droits proportionnels seront perçus lorsqu'un jugement portant condamnation, liquidation, collocation ou reconnaissance interviendra sur ces marchés et traites, ou qu'un acte public sera fait ou rédigé en conséquence, mais seulement sur la partie du prix ou des sommes faisant l'objet, soit de la condamnation, liquidation, collocation ou reconnaissance, soit des dispositions de l'acte public.

(Loi du 11 juin 1859, art. 22.)

8. — Les jugements des tribunaux en matière de contributions publiques ou locales, et autres sommes dues à l'Etat et aux établissements locaux, seront assujettis aux mêmes droits d'enregistrement que ceux rendus entre particuliers.

(Loi du 28 avril 1816, art. 39.)

9. — Les actes civils, judiciaires et extrajudiciaires sont enregistrés sur les minutes.

(Loi du 22 frimaire an VII, art. 7. — Loi du
28 avril 1816, art. 38. — Loi du 15 mai
1818, art. 78.)

10. — Il n'est dû aucun droit d'enregistrement pour les extraits, copies ou expéditions des actes qui doivent être enregistrés sur les minutes ou originaux.

(Loi du 22 frimaire an VII, art. 8.)

11. — Lorsqu'un acte translatif de propriété ou d'usufruit à titre onéreux comprend des meubles et des

immeubles, le droit d'enregistrement est perçu sur la totalité du prix, au taux réglé pour les immeubles, à moins qu'il ne soit stipulé un prix particulier pour les objets mobiliers, et qu'ils ne soient désignés et estimés, article par article, dans le contrat.

(Loi du 22 frimaire an VII, art. 9.)

12. — Dans le cas de transmission de bien, la quittance donnée ou l'obligation consentie par le même acte, pour tout ou partie du prix entre les contractants, ne peut être sujette à un droit particulier d'enregistrement.

(Loi du 22 frimaire an VII, art. 10.)

13. — Mais lorsque, dans un acte quelconque, soit civil, soit judiciaire ou extra-judiciaire, il y a plusieurs dispositions indépendantes ou ne dérivant pas nécessairement les unes des autres, il est dû, pour chacune d'elles et selon son espèce, un droit particulier.

La quotité en est déterminée par l'article de la loi dans lequel la disposition se trouve classée ou auquel elle se rapporte.

(Loi du 22 frimaire an VII, art. 11.)

14. — Dans les exploits, significations et tous autres actes extra-judiciaires, il sera perçu un droit pour chaque demandeur ou défendeur, en quelque nombre qu'ils soient dans le même acte, excepté les co-propriétaires et co-héritiers, les parents réunis, les co-intéressés, les débiteurs ou créanciers associés ou solidaires, les séquestres, les experts et les témoins, qui ne seront comptés que pour une seule et même per-

sonne, soit en demandant, soit en défendant, dans le même original d'acte, lorsque leurs qualités seront exprimées.

(Loi du 22 frimaire an VII, art. 68, § 1, n° 30.)

15. — Les actes renfermant soit la déclaration par le donataire ou ses représentants, soit la reconnaissance judiciaire d'un don manuel, seront sujets au droit de donation.

(Loi du 18 mai 1850, art. 6.)

16. Dans tous les cas où les actes seront de nature à être transcrits au bureau des hypothèques, le droit sera augmenté d'un et demi pour cent, et la transcription ne donnera plus lieu à aucun droit proportionnel.

(Loi du 28 avril 1816, art. 54.)

17. — Il ne pourra être fait usage, en justice, d'aucun acte passé en pays étranger ou dans les colonies qu'il n'ait acquitté les mêmes droits que s'il avait été souscrit en France et pour des biens situés en France; il en sera de même pour les mentions desdits actes dans les actes publics.

(Loi du 28 avril 1816, art. 58.)

18. — La mutation d'un immeuble en propriété ou usufruit sera suffisamment établie, pour la demande du droit d'enregistrement et la poursuite du paiement contre le nouveau possesseur, soit par l'inscription de son nom au rôle de la contribution foncière et des paiements par lui faits d'après ce rôle, soit par des baux par lui passés, on enfin par des transactions ou autres actes constatant sa propriété ou son usufruit.

(Loi du 22 frimaire an VII, art. 12.)

TITRE II

*Des valeurs sur lesquelles le droit proportionnel est
assis et de l'expertise.*

19. — La valeur de la propriété de l'usufruit et de
la jouissance des biens meubles est déterminée, pour
la liquidation et le paiement du droit proportionnel,
ainsi qu'il suit, savoir :

1° Pour les baux et locations, par le prix annuel
exprimé, en y ajoutant les charges imposées au preneur;

(Loi du 22 frimaire an VII, art. 14, n° 1)

2° Pour les créances à terme, leurs cessions et transports et autres actes obligatoires, par le capital exprimé
dans l'acte et qui en fait l'objet;

(Loi du 22 frimaire an VII, art. 14, n° 2.)

3° Pour les quittances et tous autres actes de libération, par le total des sommes ou capitaux dont le débiteur se trouve libéré;

(Loi du 22 frimaire au VII, art. 14, n° 3.)

4° Pour les marchés et traités, par le prix exprimé

ou l'évaluation qui sera faite des objets qui en seront susceptibles;

(Loi du 22 frimaire an VII, art. 14, n° 4.)

5° Pour les ventes et autres transmissions à titre onéreux, par le prix exprimé et le capital des charges qui peuvent ajouter au prix;

(Loi du 22 frimaire an VII, art. 14, n° 5.)

6° Pour les créations de rentes soit perpétuelles, soit viagères, ou de pensions, aussi à titre onéreux, par le capital constitué et aliéné;

(Loi du 22 frimaire an VII, art. 14, n° 6.)

7° Pour les cessions ou transports desdites rentes ou pensions, et pour leur amortissement ou rachat, par le capital constitué, quelque soit le prix stipulé pour le transport ou l'amortissement;

(Loi du 22 frimaire an VII, art. 14, n° 7.)

8° Pour les transmissions entre vifs, à titre gratuit, et celles qui s'opèrent par décès, d'inscriptions sur le grand livre de la dette publique, de fonds publics et d'actions des compagnies ou sociétés d'industrie et de finances, français ou étrangers, par un capital déterminé par le cours moyen de la bourse au jour de la transmission;

S'il s'agit de valeurs non cotées à la bourse, le capital sera déterminé par la déclaration estimative des parties;

(Loi du 18 mai 1850, art. 7. Jugement, Lyon,
29 août 1843.)

9° Pour les transmissions, entre vifs, à titre gratuit, et celles qui s'opèrent par décès, de tous autres meubles, par la déclaration estimative des parties, sans distraction des charges ;

(Loi du 22 frimaire an VII, art. 14, n° 8.)

10° Pour les rentes et pensions créées sans expression de capital, leurs transports et amortissements, à raison d'un capital formé de vingt fois la rente perpétuelle et de dix fois la rente viagère ou la pension, et quelque soit le prix stipulé pour le transport ou l'amortissement.

Il ne sera fait aucune distinction entre les rentes viagères et pensions créés sur une tête et celles créés sur plusieurs têtes quant à l'évaluation.

Les rentes et pensions stipulées payables en nature seront évaluées aux mêmes capitaux, estimation préalablement faite des objets d'après les mercuriales.

S'il est question d'objets dont les prix ne puissent être réglés par les mercuriales, les parties en feront une déclaration estimative ;

(Loi du 22 frimaire an VII, art. 14, n° 9.)

11° Pour les actes et jugements portant condamnation, collocation, liquidation ou transmission par le capital des sommes et les intérêts et dépens liquidés.

(Loi du 22 frimaire an VII, art. 14, n° 10.)

12° L'usufruit, transmis à titre gratuit, s'évalue à la moitié de la valeur entière de l'objet.

(Loi du 22 frimaire an VII, art. 14, n° 11.)

20. — La valeur de la propriété, de l'usufruit et de la jouissance des immeubles, est déterminée, pour la

liquidation et le paiement du droit proportionnel, ainsi qu'il suit, savoir :

1° Pour les baux à ferme ou à loyer, les sous-baux, cessions et subrogations de baux, par le prix annuel exprimé, en y ajoutant les charges imposées au preneur.

Pour les baux à portions de fruits, la quotité de la part revenant au bailleur sera préalablement déclarée, et l'évaluation en sera faite d'après les mercuriales des trois dernières années du canton de la situation des biens.

S'il s'agit d'objets dont la valeur ne puisse être constatée par les mercuriales, les parties en feront une déclaration estimative.

(Loi du 22 frimaire an VII, art. 15, n° 1. —
Décret du 26 avril 1808, inst. 386, § 20. —
C. Cassation, 9 mai 1826, inst. 1200, § 4.)

2° Pour les baux à rentes perpétuelles et ceux dont la durée est illimitée, par un capital formé de vingt fois la rente ou le prix annuel, et les charges aussi annuelles, en y ajoutant également les autres charges en capital, et les deniers d'entrée s'il en est stipulé.

(Loi du 22 frimaire an VII, art. 15, n° 2.)

3° Pour les baux à vie, sans distinction de ceux faits sur une ou plusieurs têtes, par un capital formé de dix fois le prix et les charges annuelles, en y ajoutant de même le montant des deniers d'entrée et des autres charges s'il s'en trouve d'exprimées.

(Loi du 22 frimaire an VII, art. 15, n° 3.)

4° Pour les échanges, par une évaluation qui doit

être faite en capital, d'après le revenu annuel multiplié par vingt, sans distraction des charges.

(Loi du 22 frimaire an VII, art. 15, n° 4.)

5° Pour les engagements, par les prix et sommes pour lesquels ils sont faits.

(Loi du 22 frimaire an VII, art. 15, n° 5.)

6° Pour les ventes, adjudications, cessions, rétrocessions, licitations et tous autres actes civils ou judiciaires portant translation de propriété ou d'usufruit à titre onéreux, par le prix exprimé, en y ajoutant toutes les charges en capital, ou par une estimation d'experts, dans les cas autorisés.

Si l'usufruit est réservé par le vendeur, il sera évalué à la moitié de tout ce qui forme le prix du contrat, et le droit sera perçu sur le total; mais il ne sera dû aucun autre droit pour la réunion de l'usufruit à la propriété. Cependant, si elle s'opère par un acte de cession, et que le prix soit supérieur à l'évaluation qui en aura été faite pour régler le droit de la translation de propriété, il est dû un droit, par supplément, sur ce qui se trouve excéder cette évaluation. Dans le cas contraire, l'acte est enregistré pour le droit fixe.

(Loi du 22 frimaire an VII, art. 15, n° 6.)

7° Pour les transmissions de propriété entre vifs, à titre gratuit, et celles qui s'effectuent par décès, par l'évaluation qui sera faite et portée à vingt fois le produit des biens, ou le prix des baux courants, sans distraction des charges.

Il ne sera rien dû pour la réunion de l'usufruit à la

propriété, lorsque le droit d'enregistrement aura été acquitté sur la valeur entière de la propriété.

(Loi du 22 frimaire an VII, art. 15, n° 7.)

8° Pour les transmissions d'usufruit seulement, soit entre vifs à titre gratuit, soit par décès, par l'évaluation qui en sera portée à dix fois le produit des biens, ou le prix des baux courants, aussi sans distraction des charges.

Lorsque l'usufruitier, qui aura acquitté le droit d'enregistrement pour son usufruit, acquerra la nue-propriété, il paiera le droit d'enregistrement sur sa valeur, sans qu'il y ait lieu de joindre celle de l'usufruit.

(Loi du 22 frimaire an VII, art. 15, n° 8.)

21. — Pour les rentes et baux stipulés payables en quantité fixe de grains et denrées dont la valeur est déterminée par les mercuriales, et pour les donations entre vifs et les transmissions par décès de biens dont les baux sont également stipulés payables en quantité fixe de grains et denrées dont la valeur est également déterminée par des mercuriales, la liquidation du droit proportionnel d'enregistrement sera faite d'après l'évaluation du montant des rentes ou du prix des baux résultant d'une année commune de la valeur des grains ou autres denrées selon les mercuriales du marché le plus voisin.

On formera l'année commune d'après les quatorze dernières années antérieures à celle de l'ouverture du droit; on retranchera les deux plus fortes et les deux plus faibles ; l'année commune sera établie sur les dix années restantes.

(Loi du 15 mai 1818, art. 75.)

22. — Si les sommes et valeurs ne sont pas déterminées dans un acte ou un jugement donnant lieu au droit proportionnel, les parties seront tenues d'y suppléer, avant l'enregistrement, par une déclaration estimative, certifiée et signée au pied de l'acte.

(Loi du 22 frimaire an VII, art. 16.)

23. — Si le prix énoncé dans un acte translatif de propriété ou d'usufruit de biens immeubles à titre onéreux paraît inférieur, à leur valeur vénale, à l'époque de l'aliénation, par comparaison avec les fonds voisins de même nature, la régie pourra requérir une expertise, pourvu qu'elle en fasse la demande dans l'année, à compter du jour de l'enregistrement du contrat.

(Loi du 22 frimaire an VII, art. 17.)

24. — La demande en expertise sera faite au tribunal civil de l'arrondissement dans l'étendue duquel les biens sont situés, par une pétition portant nomination de l'expert de l'Etat.

L'expertise sera ordonnée dans les dix jours de la demande.

En cas de refus par la partie de nommer son expert, sur la sommation qui lui aura été faite d'y satisfaire dans les trois jours, il lui en sera nommé un d'office par le tribunal.

Les experts, en cas de partage, appelleront un tiersexpert ; s'ils ne peuvent en convenir, le juge de paix du canton de la situation des biens y pourvoira.

Le procès-verbal d'expertise sera rapporté, au plus tard, dans le mois qui suivra la remise qui aura été faite aux experts de l'ordonnance du tribunal, ou dans le mois après l'appel d'un tiers expert.

Les frais de l'expertise seront à la charge de l'acquéreur ; mais seulement lorsque l'estimation excédera d'un huitième au moins le prix énoncé au contrat.

L'acquéreur sera tenu, dans tous les cas, d'acquitter le droit sur le supplément d'estimation s'il y a une plus-value consacrée par le rapport des experts.

(Loi du 22 frimaire an VII, art. 18.)

25. — Lorsqu'il y aura lieu à expertise de biens immeubles situés dans le ressort de plusieurs tribunaux, la demande en sera portée au tribunal de première instance, dans le ressort duquel se trouve le chef-lieu de l'exploitation, ou, à défaut de chef-lieu, la partie des biens qui présente le plus grand revenu d'après la matrice du rôle.

Ce même tribunal ordonnera l'expertise partout où elle sera jugée nécessaire, à la charge néanmoins de nommer pour experts des individus domiciliés dans le ressort des tribunaux de la situation des biens, et il prononcera sur leur rapport.

Les experts seront renvoyés, pour la prestation de serment, devant le juge de paix du canton où les biens sont situés.

(Loi du 15 novembre 1808, art. 1er.)

26. — Dans tous les cas où les frais de l'expertise tomberont à la charge du redevable, il y aura lieu au double droit d'enregistrement sur le supplément de l'estimation.

(Loi du 27 ventôse an IX, art. 5.)

27. — Il y aura lieu également à requérir l'expertise des immeubles transmis en propriété ou usufruit, à tout autre titre qu'à titre onéreux, lorsque l'insuffisance dans l'évaluation ne pourra être établie par actes qui puissent faire connaître le véritable revenu des biens.

(Loi du 22 frimaire an VII, art. 19.)

TITRE III

*Des délais pour l'enregistrement des actes et
déclarations.*

28. — Les délais pour faire enregistrer les actes publics, sont, savoir :

1° De trois jours pour les procès-verbaux constatant
des contraventions de roulage.

(Loi du 30 mai 1851, art. 19. — Décret du
1er mars 1854, art. 493.)

2° De quatre jours pour les actes des huissiers et
autres ayant pouvoir de faire des exploits et procès-
verbaux, et les ventes aux enchères faites par les commissaires-priseurs.

(Loi du 22 frimaire an VII, art. 20. — Avis,
Conseil d'Etat du 7 octobre 1809. — Inst.
460.)

3° De dix jours pour les actes des notaires qui résident dans les communes où le bureau d'enregistrement
est établi et ceux des courtiers de commerce.

(Loi du 22 frimaire an VII, art. 20. — Inst.
173.)

4

Cependant les actes de protêt faits par les notaires devront être enregistrés dans le même délai que ceux faits par les huissiers.

(Loi du 24 mai 1834, art. 23) .

4° De quinze jours pour les actes des notaires qui ne résident pas dans les communes où le bureau d'enregistrement est établi, pour les baux de biens des hospices et autres établissements publics de bienfaisance ou d'instruction publique, pour les procès-verbaux des vérificateurs des poids et mesures, et les inventaires de tissus et de cotons filés.

(Loi du 22 frimaire an VII, art. 20. — Décret du 12 août 1807. Inst. 386, n° 6. — Décision du 26 novembre 1811. Inst. 561. — Ordonnance du 17 avril 1839, art. 42. — Loi du 24 avril 1818. Inst. 830.)

5° De vingt jours, pour les actes judiciaires, ceux des administrations centrales et municipales et des établissements publics portant transmission de propriété, d'usufruit et de jouissance, adjudications ou marchés de toute nature, et cautionnements relatifs à ces actes.

(Loi du 22 frimaire an VII, art. 20. — Loi du 15 mai 1818, art. 78.)

Pour les prestations de serment.

(Loi du 27 ventôse an IX, art. 14.)

Pour les actes et procès verbaux de ventes de navires ou bris de navires, faits par les officiers d'administration de la marine.

(Loi du 27 ventôse an IX, art. 7.)

Pour les procès verbaux d'assiette, d'arpentage, de balivage et autres des agents forestiers pour l'adminis-

tration et la conservation des forêts antérieurs aux délivrances en nature, et pour les procès-verbaux de délivrance de produits accessoires cédés de gré à gré.

(Décisions 19 germinal an XIII. Instruction
281. — 3 décembre 1825. Instruction
1187, § 11. — 3 juin 1851. — 29 octobre
1855. Instruction 2062, § 3. — 25 septem-
bre 1857. Instruction 2110.)

6° De deux mois, pour les procès-verbaux de réarpentage, récolement et autres des agents forestiers pos-
térieurs à la délivrance.

(Décision du 12 juillet 1822. Inst. 1050, § 2.)

29. — Les testaments déposés chez les notaires, ou
par eux reçus, seront enregistrés dans les trois mois
du décès des testateurs, à la diligence des héritiers,
donataires, légataires ou exécuteurs testamentaires.

(Loi du 22 frimaire an VII, art. 21.)

30. — Les actes sous signature privée, portant transmission de propriété ou d'usufruit de biens immeubles,
baux à ferme ou à loyer, sous-baux, cessions et subrogations de baux, et les engagements, aussi sous signature privée, de biens de même nature, seront enregistrés dans les trois mois de leur date.

Pour ceux des actes de ces espèces qui seront passés
en pays étranger, ou dans les îles ou colonies françaises où l'enregistrement n'aurait pas encore été établi, le délai sera de six mois, s'ils sont faits en Europe ; d'une année si c'est en Amérique, et de deux
années si c'est en Asie ou en Afrique.

(Loi du 22 frimaire an VII, art. 22.)

31. — Sont également soumises à l'enregistrement,
dans les trois mois, de l'entrée en possession, les
mutations entre vifs de propriété ou d'usufruit de
biens immeubles, lors même que les nouveaux possesseurs prétendraient qu'il n'existe pas de conventions écrites entre eux et les précédents propriétaires
ou usufruitiers.

A défaut d'actes, il y sera suppléé par des déclarations détaillées et estimatives, à peine d'un droit en
sus.

(Loi du 27 ventôse an IX, art. 4.)

32. — Il n'y a point de délai de rigueur pour l'enregistrement de tous autres actes que ceux mentionnés
ci-dessus, qui seront faits sous signature privée, ou
passés en pays étranger, et dans les îles et colonies
françaises où l'enregistrement n'aurait pas encore été
établi ; mais il ne pourra en être fait usage, soit par
acte public, soit en justice, ou devant toute autre autorité constituée, qu'ils n'aient été préalablement enregistrés.

(Loi du 22 frimaire an VII, art. 23.)

33. — Le délai à l'égard des actes qui doivent être
approuvés par l'administration supérieure, court du
jour de la réception à la mairie, de l'approbation ; et,
si c'est un acte notarié du jour de la remise faite par
le maire au notaire de l'arrêté d'approbation, remise
dont la date sera constatée par une attestation du
maire datée et signée en marge de l'arrêté.

(Décision Min. fin. 27 frimaire an XIII. Inst.
290, 5, — 9 mai 1817. Inst. 779. — 7 avril
1818. Inst. 832. — 22 janvier 1855. Inst.
2025, § 2).

34. — Les délais pour l'enregistrement des déclarations que les héritiers, donataires ou légataires auront à passer des biens à eux échus ou transmis par décès, sont, savoir :

De six mois, à compter du jour du décès, lorsque celui dont on recueille la succession est décédé en France ; — de huit mois, s'il est décédé dans toute autre partie de l'Europe ; — d'une année, s'il est mort en Amérique ; et de deux années si c'est en Afrique ou en Asie.

Le délai de six mois ne courra que du jour de la mise en possession, pour la succession d'un absent, celle d'un condamné si ses biens sont séquestrés, celle qui aurait été sequestrée pour toute autre cause, celle d'un défenseur de la patrie s'il est mort en activité de service hors de son département, ou enfin celle qui serait recueillie par indivis avec la nation.

Si avant les derniers six mois des délais fixés pour les déclarations des successions de personnes décédées hors de France, les héritiers prennent possession des biens, il ne restera d'autre délai à courir, pour passer déclaration, que celui de six mois, à compter du jour de la prise de possession.

(Loi du 22 frimaire an VII, art. 24.)

35. — Les héritiers, légataires et tous autres appelés à exercer des droits subordonnés au décès d'un individu dont l'absence est déclarée, sont tenus de faire, dans les six mois du jour de l'envoi en possession provisoire, la déclaration à laquelle ils seraient tenus s'ils

4.

étaient appelés par l'effet de la mort, et d'acquitter les droits sur la valeur entière des biens ou droits qu'ils recueillent.

(Loi du 28 avril 1816, art. 40.)

36. — Dans les délais fixés par les articles précédents pour l'enregistrement des actes et des déclarations, le jour de la date de l'acte, ou celui de l'ouverture de la succession ne sera point compté.

Si le dernier jour du délai se trouve être un dimanche ou un jour ferié, ces jours-là ne seront point comptés non plus.

(Loi du 22 frimaire an VII, art. 25.)

TITRE IV

*Des bureaux où les actes et mutations doivent être
enregistrés*

37. — Les notaires ne pourront faire enregistrer
leurs actes qu'aux bureaux dans l'arrondissement desquels ils résident.

Les huissiers et tous autres ayant pouvoir de faire
des exploits, procès-verbaux ou rapports, feront enregistrer leurs actes, soit au bureau de leur résidence,
soit au bureau du lieu où ils les auront faits.

(Loi du 22 frimaire an VII, art. 26.)

Cependant les gardes-forestiers, les gardes-champêtres, les vérificateurs des poids et mesures, les préposés des douanes et les gendarmes, peuvent les faire
enregistrer aussi au bureau le plus voisin de leur résidence.

(Ordonnance du 29 octobre 1820. — Décis.
28 novembre 1809. Inst. 458, n° 1. — Décis.
12 juillet 1822. Inst. 1050, no 2. — Décis.
27 août 1823. Inst. 1090. — Décis. 20 août
1838. Inst. 1434.)

Les procès-verbaux de ventes publiques de meubles aux enchères devront être toujours enregistrés au bureau où les déclarations préalables auront été faites.

(Loi du 22 pluviôse an VII, art. 6.)

Les greffiers et les secrétaires des administrations centrales et municipales feront enregistrer les actes qu'ils seront tenus de soumettre à cette formalité aux bureaux dans l'arrondissement desquels ils exercent leurs fonctions.

Les actes sous signatures privées, et ceux passés en pays étranger, pourront être enregistrés dans tous les bureaux indistinctement.

(Loi du 22 frimaire an VII, art. 26.)

38. — Les mutations de propriété ou d'usufruit par décès seront enregistrées au bureau de la situation des biens.

Les héritiers, donataires ou légataires, leurs tuteurs ou curateurs, seront tenus d'en passer déclaration détaillée et de la signer sur le registre.

S'il s'agit d'une mutation, au même titre, de biens meubles, la déclaration en sera faite au bureau dans l'arrondissement duquel ils se sont trouvés au décès de l'auteur de la succession.

Les rentes et les autres biens meubles, sans assiette déterminée lors du décès, seront déclarés au bureau du domicile du décédé.

Les héritiers, légataires ou donataires rapporteront, à l'appui de leurs déclarations de biens meubles, un inventaire ou état estimatif, article par article, par eux certifié, s'il n'a pas été fait par un officier public ; cet inventaire sera déposé et annexé à la déclaration, qui sera reçue et signée sur le registre du receveur de l'enregistrement.

(Loi du 22 frimaire an VII, art. 27.)

Pour les successions d'étrangers, d'individus non domiciliés en France, ou décédés dans les colonies où le droit d'enregistrement n'est pas établi, les créances doivent être déclarées au bureau du domicile du débiteur ; les rentes au bureau dans l'arrondissement duquel elles sont payables ; les actions dans les compagnies financières, commerciales ou industrielles au bureau dans l'arrondissement duquel se trouve le siége des compagnies, et les rentes sur l'Etat, au bureau dans l'arrondissement duquel se trouve placé le trésor public.

(Solution du 15 nivôse an VIII. — Décis. 14 pluviôse, 21 messidor, 12 thermidor an XII. — Décis. 10 floréal et 25 thermidor an XIII. Iust. 290, n° 36. — Cour cassation 27 juillet 1819. Avis du conseil d'Etat 11 février 1829. — Décis. 10 mars 1853. Inst. 2003, § 3.)

TITRE V

Du paiement des droits et de ceux qui doivent les acquitter

39. — Les droits des actes et ceux des mutations par décès seront payés avant l'enregistrement, aux taux et quotités réglés par la loi.

Nul ne pourra en atténuer ni différer le paiement, sous le prétexte de contestation sur la quotité, ni pour quelque autre motif que ce soit, sauf à se pourvoir en restitution s'il y a lieu.

(Loi du 22 frimaire an VII, art. 28.)

40. — Les droits des actes à enregistrer seront acquittés, savoir :

Par les notaires, pour les actes passés devant eux.

Par les huissiers et autres ayant pouvoir de faire des exploits et procès-verbaux, pour ceux de leur ministère ;

Par les greffiers, pour les actes et jugements (sauf le cas prévu ci-après) et les actes passés ou reçus au greffe (art. 48) ;

Par les secrétaires des administrations centrales et municipales, pour les actes de ces administrations qui sont soumis à la formalité de l'enregistrement, sauf aussi le cas prévu ci-après (art. 48);

Par les parties, pour les actes sous signature privée, et ceux passés en pays étranger, qu'elles auront à faire enregistrer; pour les ordonnances sur requête ou mémoires, et les certificats qui leur sont immédiatement délivrés par les juges; et pour les actes et décisions qu'elles obtiennent des arbitres, si ceux-ci ne les ont pas fait enregistrer;

Et par les héritiers, légataires et donataires, leurs tuteurs et curateurs et les exécuteurs testamentaires, pour les testaments et autres actes de libéralité à cause de mort.

(Loi du 22 frimaire an VII, n° 29)-

41. — Les officiers publics qui, aux termes des dispositions précédentes, auraient fait, pour les parties, l'avance des droits d'enregistrement, pourront prendre exécutoire du juge de paix de leur canton, pour leur remboursement.

L'opposition qui serait formée contre cet exécutoire, ainsi que toutes les contestations qui s'élèveraient à cet égard, seront jugées conformément aux dispositions relatives aux instances poursuivies au nom de l'Etat.

(Loi du 22 frimaire an VII, n° 30).

42. — Les droits des actes civils et judiciaires emportant obligation, libération ou translation de propriété, ou d'usufruit de meubles ou immeubles, seront

supportés par les débiteurs et nouveaux possesseurs ;
et ceux de tous les autres actes le seront par les parties auxquelles les actes profiteront, lorsque, dans ces
divers cas, il n'aura pas été stipulé de dispositions
contraires dans les actes.

(Loi du 22 frimaire an VII, art. 34).

43. — Les droits des déclarations des mutations des
décès seront payés par les héritiers, donataires ou légataires.

Les cohéritiers seront solidaires.

La nation aura action sur les revenus des biens à
déclarer, en quelques mains qu'ils se trouvent, pour
le paiement des droits dont il faudrait poursuivre le
recouvrement.

(Loi du 22 frimaire an VII, art. 32.)

TITRE VI

Des peines pour défaut d'enregistrement des actes et déclarations dans les délais , et de celles portées relativement aux omissions, aux fausses estimations et aux contre-lettres.

44. — Les notaires qui n'auront pas fait enregistrer leurs actes dans les délais prescrits paieront personnellement , à titre d'amende et pour chaque contravention, une somme de dix francs, s'il s'agit d'un acte sujet au droit fixe, ou une somme égale au montant du droit, s'il s'agit d'un acte sujet au droit proportionnel, sans que dans ce dernier cas, la peine puisse être au-dessous de dix francs.

Si l'acte est sujet à la fois à des droits fixes et à des droits proportionnels, il y a lieu de faire abstraction des droits fixes et de n'avoir égard qu'aux droits proportionnels pour déterminer la quotité de l'amende dont le minimum est toujours de dix francs.

Les notaires seront tenus en outre du paiement des

droits, sauf leur recours contre les parties pour ces droits seulement.

(Loi du 22 frimaire an VII, art. 33. — Loi du 16 juin 1824, art. 10. — Décis. du 28 janvier 1828. — Inst. 1249, § 3. — Solution 12 avril 1859. Inst. 2155, § 1).

45. — La peine contre un huissier ou autre ayant pouvoir de faire des exploits ou procès-verbaux, est, pour un exploit ou procès-verbal non présenté à l'enregistrement dans le délai, d'une somme de cinq francs, et de plus une somme équivalente au montant du droit de l'acte non enregistré. L'exploit ou procès-verbal non enregistré dans le délai est déclaré nul, et le contrevenant responsable de cette nullité envers la partie.

Ces dispositions, relativement aux exploits et procès-verbaux, ne s'étendent pas aux procès-verbaux de ventes de meubles et autres objets mobiliers, ni à tout autre acte du ministère des huissiers sujet au droit proportionnel. La peine pour ceux-ci sera d'une somme égale au montant du droit, sans qu'elle puisse être au-dessous de dix francs. Le contrevenant paiera en outre le droit dû pour l'acte, sauf son recours contre la partie pour ce droit seulement.

(Loi du 22 frimaire an VII, art. 34. — Loi du 16 juin 1824, art. 10).

46. — Les greffiers qui auront négligé de soumettre à l'enregistrement, dans le délai fixé, les actes qu'ils sont tenus de présenter à cette formalité, paieront personnellement, à titre d'amende et pour chaque contravention, une somme égale au montant du droit.

Ils acquitteront en même temps le droit, sauf leur recours, pour ce droit seulement, contre la partie.

(Loi du 22 frimaire an VII, art. 35).

47. — Les dispositions de l'article précédent s'appliquent également aux secrétaires des administrations centrales et municipales, pour chacun des actes qu'il leur est prescrit de faire enregistrer, s'ils ne les ont pas soumis à l'enregistrement dans le délai.

(Loi du 22 frimaire an VII, art. 36).

48. — Il est néanmoins fait exception aux dispositions des deux articles précédents,

Quant aux jugements rendus à l'audience, et aux actes des autorités administratives et des établissements publics, portant transmission de propriété, d'usufruit et de jouissance, adjudications ou marchés de toute nature, et cautionnements relatifs à ces actes ;

Quant aux actes et procès-verbaux de ventes de prises et de navires ou bris de navires faits par les officiers d'administration de la marine ;

Lorsque les parties n'auront pas consigné aux mains des greffiers, secrétaires ou autres, dans le délai prescrit pour l'enregistrement, le montant des droits fixés par la loi. Dans ce cas, le recouvrement en sera poursuivi contre les parties par les receveurs, et elles supporteront en outre la peine du droit en sus.

Pour cet effet, les greffiers, secrétaires et autres, fourniront aux receveurs de l'enregistrement, dans les dix jours qui suivront l'expiration du délai, des extraits par eux certifiés des actes et jugements dont les droits ne leur auront pas été remis par les parties, à peine d'une amende de dix francs pour chaque acte et jugement, et d'être en outre personnellement contraints au paiement des doubles droits.

Il sera délivré aux greffiers, par le receveur de l'enregistrement, des récépissés, sur papier non timbré, des extraits de jugements qu'ils doivent fournir en exécution du présent article.

(Loi du 22 frimaire an VII, art. 37. — Loi du 27 ventôse an IX, art. 7 et 16. — Loi du 28 avril 1816, art. 38. — Loi du 15 mai 1818, art. 79. — Loi du 16 juin 1824, art. 10).

49. — Les actes sous signature privée, et ceux passés en pays étranger, portant transmission de propriété ou d'usufruit de biens immeubles, baux à ferme ou à loyer, sous-baux, cessions et subrogations de baux et engagements de biens de même nature qui n'auront pas été enregistrés dans les délais déterminés seront soumis au double droit d'enregistrement.

La peine sera la même pour les mutations entre vifs de propriété ou d'usufruit de biens immeubles effectuées sans conventions écrites et non déclarées dans les délais.

Il en sera de même pour les testaments non enregistrés dans le délai.

(Loi du 22 frimaire an VII, art. 38. — Loi du 27 ventôse an IX, art. 4).

50. — Les héritiers, donataires ou légataires qui n'auront pas fait, dans les délais prescrits, les déclarations des biens à eux transmis par décès, paieront à

titre d'amende, un demi-droit en sus du droit qui sera dû pour la mutation.

La peine pour les omissions qui seront reconnues avoir été faites dans les déclarations, sera d'un droit en sus de celui qui se trouvera dû pour les objets omis ; il en sera de même pour les insuffisances constatées dans les estimations des biens déclarés.

Si l'insuffisance est établie par un rapport d'experts, les contrevenants paieront en outre les frais de l'expertise.

Les tuteurs et curateurs supporteront personnellement les peines ci-dessus, lorsqu'ils auront négligé de passer les déclarations dans les délais, ou qu'ils auront fait des omissions ou des estimations insuffisantes.

(Loi du 22 frimaire an VII, art. 39).

51. — La peine sera d'un droit en sus de celui qui se trouvera dû pour les insuffisances d'évaluation du capital des inscriptions sur le grand-livre de la dette publique, des fonds publics et des actions des compagnies ou sociétés d'industrie et de finances transmis soit entre vifs à titre gratuit, soit par décès.

(Loi du 18 mai 1850, art. 7).

52. — Lorsqu'après une sommation extra-judiciaire ou une demande tendant à obtenir un paiement, une livraison, ou l'exécution de toute autre convention dont le titre n'aurait point été indiqué dans les dits exploits, ou qu'on aura simplement énoncée comme verbale, on produira, au cours d'instance, des écrits, billets, marchés, factures acceptées, lettres, ou tout

autre titre émané du défendeur, qui n'auraient pas été enregistrés avant ladite demande ou sommation, le double droit sera dû, et pourra être exigé ou perçu lors de l'enregistrement du jugement intervenu.

(Loi du 28 avril 1816, art. 57).

53. — Lorsque l'évaluation donnée à un office pour la perception du droit d'enregistrement d'une transmission à titre gratuit, entre vifs ou par décès, sera reconnue insuffisante, ou que la simulation du prix exprimé dans l'acte de cession à titre onéreux sera établie d'après des actes émanés des parties ou de l'autorité administrative ou judiciaire, il sera perçu, à titre d'amende, un droit en sus de celui qui sera dû sur la différence de prix ou d'évaluation.

Les parties, leurs héritiers ou ayant cause sont solidaires pour le paiement de cette amende.

(Loi du 25 juin 1841, art. 11.)

54. — En cas de création nouvelle de charges ou offices, ou en cas de nomination de nouveaux titulaires sans présentation, par suite de destitution ou par tout autre motif, si les nouveaux titulaires sont soumis comme condition de leur nomination, à payer une somme déterminée pour la valeur de l'office, le droit d'enregistrement exigible sur cette somme devra être acquitté avant la prestation de serment des nouveaux titulaires, sous peine du double droit.

(Loi du 25 juin 1841, art. 12.)

55. — En cas de suppression d'un titre d'office, lorsqu'à défaut de traité l'ordonnance qui prononcera l'ex-

tinction fixera une indemnité à payer au titulaire de l'office supprimé ou à ses héritiers, l'expédition de cette ordonnance devra être enregistrée dans le mois de la délivrance, sous peine du double droit.

(Loi du 25 juin 1841, art. 13.)

56. — Toute contre-lettre faite sous signature privée, qui aurait pour objet une augmentation du prix stipulé dans un acte public ou dans un acte sous signature privée, précédemment enregistrée, est déclarée nulle et de nul effet.

Néanmoins, lorsque l'existence en sera constatée, il y aura lieu d'exiger, à titre d'amende, une somme triple du droit qui aurait eu lieu, sur les sommes et valeurs ainsi stipulées.

(Loi du 22 frimaire an VII, art. 40.)

TITRE VII

Des obligations des notaires, huissiers, greffiers, se-
crétaires, juges, arbitres, administrateurs et autres
officiers ou fonctionnaires publics; des parties et des
receveurs, indépendamment de celles imposées sous
les titres précédents.

57. — Les notaires, huissiers, greffiers et les secrétaires des administrations centrales et municipales ne
pourront délivrer en brevet, copie ou expédition, aucun acte soumis à l'enregistrement, ni faire aucun
acte en conséquence, avant qu'il ait été enregistré,
quand même le délai pour l'enregistrement ne serait
pas encore expiré, à peine de dix francs d'amende,
outre le paiement du droit.

Sont exceptés les exploits et autres actes de cette nature qui se signifient à parties ou par affiches et pro-
clamations et les billets à ordre, cessions d'actions et
coupons d'actions mobilières des compagnies et sociétés d'actionnaires, et tous autres effets négociables

de particuliers ou de compagnies et les lettres de change tirées de place en place.

(Loi du 22 frimaire an VII, art. 41 ; art. 69,
§ 2, n° 6. — Loi du 16 juin 1824, art. 10 et
11.)

58. — Néanmoins, à l'égard des actes, que le même officier aurait reçus et dont le délai d'enregistrement ne serait pas encore expiré, il pourra en énoncer la date avec la mention que ledit acte sera présenté à l'enregistrement en même temps que celui qui contient la mention ; mais, dans aucun cas, l'enregistrement du second acte ne pourra être requis avant celui du premier sous les peines de droit.

(Loi du 28 avril 1816, art. 56.)

59. — Aucun huissier, avoué, greffier, secrétaire ou autre officier public, ne pourra faire ou rédiger un acte en vertu d'un acte sous signature privée, ou, passé en pays étranger, l'annexer à ses minutes, ni le recevoir en dépôt, ni en délivrer extrait, copie ou expédition, s'il n'a été préalablement enregistré, à peine de dix francs d'amende et de répondre personnellement du droit, sauf l'exception mentionnée dans l'article 57.

(Loi du 22 frimaire an VII, art. 42. — Loi du
16 juin 1824, art. 10 et 11.)

60. — Cependant les notaires pourront faire des actes en vertu et par suite d'actes sous signature privée non enregistrés, et les énoncer dans leurs actes, mais sous la condition que chacun de ces actes sous seings-privés demeurera annexé à celui dans lequel il se trouvera mentionné, qu'il sera soumis avant lui à la formalité

5.

de l'enregistrement, et que les notaires seront personnellement responsables non-seulement des droits d'enregistrement, mais encore des amendes auxquelles les actes sous seings-privés se trouveront assujettis.

(Loi du 16 juin 1824, art. 13.)

61. — Il est également défendu, sous peine de dix francs d'amende, à tout notaire ou greffier, de recevoir aucun acte en dépôt sans dresser acte du dépôt.

Sont exceptés les testaments déposés chez les notaires par les testateurs.

(Loi du 22 frimaire an VII, art. 43. — Loi du
16 juin 1824, art. 10.)

62. — Il sera fait mention, dans toutes les expéditions des actes publics, civils ou judiciaires, de la quittance des droits par une transcription littérale et entière de cette quittance.

Pareille mention sera faite dans les minutes des actes publics, civils, judiciaires ou extra-judiciaires, qui se feront en vertu d'actes sous signature privée, ou passés en pays étranger, et qui sont soumis à l'enregistrement.

Chaque contravention sera punie d'une amende de cinq francs.

(Loi du 22 frimaire an VII, art 44. — Loi du
16 juin 1824, art. 10.)

63. — Dans le cas de fausse mention d'enregistrement, soit dans une minute, soit dans une expédition, le délinquant sera poursuivi par la partie publique, sur la dénonciation du préposé de la régie, et condamné aux peines prononcées pour le faux

(Loi du 22 frimaire an VII, art. 46.)

64. — Il est défendu aux juges et arbitres de rendre aucun jugement, et aux administrations centrales et municipales de prendre aucun arrêté, en faveur de particuliers, sur des actes non enregistrés, à peine d'être personnellement responsables des droits.

(Loi du 22 frimaire an VII, art. 47.)

65. — Toutes les fois qu'une condamnation sera rendue ou qu'un arrêté sera pris sur un acte enregistré, le jugement, la sentence arbitrale ou l'arrêté en fera mention, et énoncera le montant du droit payé, la date du paiement et le nom du bureau où il aura été acquitté. En cas d'omission, le receveur exigera le droit si l'acte n'a pas été enregistré dans son bureau ; sauf restitution, dans le délai prescrit, s'il est ensuite justifié de l'enregistrement de l'acte sur lequel le jugement aura été prononcé ou l'arrêté pris.

(Loi du 22 frimaire an VII, art. 48.)

66. — Les notaires, huissiers, greffiers, commissaires-priseurs, courtiers de commerce, gardes de commerce, porteurs de contraintes et les secrétaires des administrations centrales et municipales, tiendront des répertoires à colonnes, sur lesquels ils inscriront, jour par jour, sans blanc ni interligne, et par ordre de numéros, savoir :

Les notaires, tous les actes et contrats qu'ils recevront, même ceux qui seront passés en brevet, à peine de cinq francs d'amende pour chaque omission ;

Les huissiers, gardes de commerce, porteurs de contraintes, tous les actes et exploits de leur ministère, sous peine d'une amende de cinq francs pour chaque omission ;

Les commissaires-priseurs et courtiers de commerce, les procès-verbaux de vente et les actes faits en conséquence, à peine d'une amende de cinq francs pour chaque omission;

Les greffiers, les actes et jugements, à peine 'd'une amende de cinq francs pour chaque omission, et les récépissés qui leur auront été délivrés par les receveurs de l'enregistrement, des extraits d'actes et jugements dont les droits n'ont pas été consignés par les parties,

Et les secrétaires tous les actes des administrations, assujettis à l'enregistrement, à peine d'une amende de cinq francs pour chaque omission.

> (Loi du 22 frimaire an VII, art. 49. — Loi du 28 avril 1816, art. 38. — Loi du 15 mai 1818, art. 82. — Loi du 16 juin 1824, art. 10 et 11. — Décis. du 13 novembre 1807, inst. n° 363. — Décis. du 31 mai et 28 juin 1808, inst. 388, n° 2. — Décis. du 20 juin 1809, inst. 437. — Ordonnance du 28 juin 1816.)

67. — Chaque article du répertoire contiendra : 1° son numéro ; 2° la date de l'acte ; 3° sa nature ; 4° les noms et prénoms des parties et leur domicile ; 5° l'indication des biens, leur situation et le prix, lorsqu'il s'agira d'actes qui auront pour objet la propriété, l'usufruit ou la jouissance de biens fonds; 6° la relation de l'enregistrement.

> (Loi du 22 frimaire an VII, art. 50.)

68. — Les notaires, huissiers et autres officiers pu-

blics présenteront, tous les trois mois, leurs répertoires aux receveurs de l'enregistrement de leur résidence, qui les viseront, et qui énonceront dans leur visa le nombre d'actes inscrits. Cette présentation aura lieu chaque année dans les dix premiers jours de chacun des mois de janvier, avril, juillet, octobre, à peine d'une amende de dix francs.

(Loi du 22 frimaire an VII, art. 51. — Loi du
16 juin 1824, art. 10.)

69. — Indépendamment de la présentation ordonnée par l'article précédent, les notaires et autres, assujettis à tenir un répertoire, seront tenus de le communiquer, à toute réquisition, aux préposés de l'enregistrement qui se présenteront chez eux pour les vérifier, à peine d'une amende de dix francs en cas de refus.

Le préposé, dans ce cas, requerra l'assistance d'un officier municipal, ou du maire, ou de l'adjoint de la commune du lieu, pour dresser, en sa présence, procès-verbal du refus qui lui aura été fait.

(Loi du 22 frimaire an VII, art. 52. — Loi du
16 juin 1824, art. 10)

70. — Les répertoires seront cotés et paraphés, savoir : ceux des notaires par le président du tribunal de première instance de leur arrondissement ;

Ceux des huissiers résidant dans les villes où siégent des tribunaux de première instance, par le président ou le juge qu'il aura commis ;

Ceux des autres huissiers et des greffiers de justice de paix par le juge de paix du canton de leur domicile ;

Ceux des greffiers des tribunaux par le président;

Et ceux des secrétaires des administrations par le président de l'administration.

(Loi du 22 frimaire an VII, art 53. — Loi du 25 ventôse an XI, art 30. — Loi du 22 nivôse an XII. — Avis du conseil d'Etat des 3-6 juillet 1810. — Décret du 14 juin 1813, art. 46.)

71. — Les dépositaires des registres de l'état civil, ceux des rôles des contributions et tous autres chargés des archives et dépôts de titres publics, seront tenus de les communiquer, sans déplacer, aux préposés de l'enregistrement, à toute réquisition, et de leur laisser prendre, sans frais, les renseignements, extraits et copies qui leur seront nécessaires pour les intérêts de l'Etat, à peine de dix francs d'amende pour refus constaté par procès-verbal du préposé, qui se fera accompagner, ainsi qu'il est prescrit par l'article 69 ci-dessus, chez les détenteurs et dépositaires qui auront fait refus.

Ces dispositions s'appliquent aussi aux notaires, huissiers, greffiers, pour les actes dont ils sont dépositaires, et aux secrétaires d'administrations centrales et municipales pour les actes assujettis à l'enregistrement, et aux dépositaires des registres des magasins généraux des marchandises.

Sont exceptés les testaments et autres actes de libéralité à cause de mort, du vivant des testateurs.

Les communications ci-dessus ne pourront être exigées les jours de repos, et les séances, dans chaque

autre jour, ne pourront durer plus de quatre heures,
de la part des préposés, dans le dépôt où ils feront
leurs recherches.

(Loi du 22 frimaire an VII, art. 54. — Loi du
15 mai 1818, art. 82. — Loi du 16 juin 1824,
art. 10. — Loi du 28 mai 1858, art. 13.)

72. — Les secrétaires des administrations municipales fourniront, par trimestre, aux receveurs de l'enregistrement, les relevés par eux certifiés des actes de
décès. Ils seront délivrés sur papier non timbré, et
remis dans les mois de janvier, avril, juillet et octobre,
à peine d'une amende de dix francs. Ils en retireront
récépissé aussi sur papier non timbré.

(Loi du 22 frimaire an VII, art. 55. — Loi du
16 juin 1824, art. 10.)

73. — Les receveurs de l'enregistrement ne pourront, sous aucun prétexte, lors même qu'il y aurait
lieu à l'expertise, différer l'enregistrement des actes et
mutations dont les droits auront été payés aux taux
réglés par la loi.

Ils ne pourront non plus suspendre le cours des procédures en retenant des actes ou exploits. Cependant
si un acte dont il n'y a pas de minute, ou un exploit,
contient des renseignements dont la trace puisse être
utile pour la découverte des droits dus, le receveur
aura la faculté d'en tirer copie et de la faire certifier
conforme à l'original par l'officier qui l'aura présenté.
En cas de refus, il pourra réserver l'acte pendant vingt-
quatre heures seulement, pour s'en procurer une col-

lation en forme, à ses frais, sauf répétition, s'il y a lieu.

Cette disposition est applicable aux actes sous signature privée, qui seront présentés à l'enregistrement.

(Loi du 22 frimaire an VII, art. 56.)

74. — La quittance de l'enregistrement sera mise sur l'acte enregistré, ou sur l'extrait de la déclaration du nouveau possesseur.

Le receveur y exprimera en toutes lettres la date de l'enregistrement, le folio du registre, le numéro et la somme des droits perçus.

Lorsque l'acte renfermera plusieurs dispositions opérant chacune un droit particulier, le receveur les indiquera sommairement dans sa quittance, et y énoncera distinctement la quotité de chaque droit perçu, à peine d'une amende de cinq francs pour chaque omission.

(Loi du 22 frimaire an VII, art. 57. — Loi du
16 juin 1024, art. 10.)

75. — Les receveurs de l'enregistrement ne pourront délivrer d'extraits de leurs registres que sur une ordonnance du juge de paix, lorsque ces extraits ne seront pas demandés par quelqu'une des parties contractantes ou leur ayant cause.

Il leur sera payé un franc pour recherche de chaque année indiquée, et cinquante centimes pour chaque extrait, outre le papier timbré : ils ne pourront rien exiger au-delà.

(Loi du 22 frimaire an VII, art 58.)

76. — Aucune autorité publique, ni la régie, ni ses préposés, ne peuvent accorder de remise ou modération des droits établis par la loi et des peines encourues, ni en suspendre ou faire suspendre le recouvrement, sans en devenir personnellement responsables.

(Loi du 22 frimaire an VII, art. 59.)

—

TITRE VIII

Des droits acquis et des prescriptions.

77. — Tout droit d'enregistrement perçu régulièrement ne pourra être restitué, quelque soient les événements ultérieurs, sauf les cas prévus par la loi.

(Loi du 22 frimaire an VII, art. 60.)

78. — Il est fait exception de cette règle, et pourvu
que les réclamations soient formées dans les délais déterminés par l'article suivant :

1° Dans le cas prévu par l'article 65 ci-dessus ;

2° Lorsque le droit proportionnel a été perçu sur
une délégation de prix stipulé dans un contrat pour
acquitter des créances à terme envers un tiers, sans
énonciation de titre enregistré, et qu'il en est justifié
postérieurement ;

(Loi du 22 frimaire an VII, art. 69, § 3, n° 8.)

3° En cas de retour d'un individu déclaré absent, les
droits payés par ses héritiers ou autres leur seront restitués, sous la seule déduction de celui auquel aura
donné lieu leur jouissance ;

(Loi du 28 avril 1816, art. 40.)

4° Le droit perçu sur une adjudication faite en justice est restituable lorsque cette adjudication a été an-
nulée par les voies légales ;

(Avis du conseil d'Etat du 22 octobre 1808.)

5° Les droits perçus sur les transmissions d'office
pourront être restitués toutes les fois que la transmission n'aura été suivie d'aucun effet : s'il y a lieu à réduction du prix, tout ce qui aura été perçu sur l'excédant sera également restitué.

(Loi du 25 juin 1841, art. 14.)

6° Lorsqu'il est justifié que les acquisitions amiables,
faites antérieurement aux arrêtés du préfet pris en exécution de la loi du 3 mai 1841 sur l'expropriation pour
cause d'utilité publique, ont pour objet des immeubles
compris dans ces arrêtés, la restitution des droits ne
pourra s'appliquer qu'à la portion des immeubles qui
aura été reconnue nécessaire à l'exécution des travaux.

(Loi du 3 mai 1841, art. 58.)

79. — Il y a prescription pour la demande des droits,
savoir :

1° Après deux années, à compter du jour de l'enregistrement, s'il s'agit d'un droit non perçu sur une
disposition particulière dans un acte, ou d'un supplément de perception insuffisamment faite, ou d'une
fausse évaluation dans une déclaration et pour la constater par voie d'expertise ;

(Loi du 22 frimaire an VII, art. 61, n° 1.)

Pour les amendes de contravention, à partir du jour

où les préposés auront été mis à même de les constater
et pour les droits en sus;

(Loi du 16 juin 1824, art. 14. — Cour de Cas-
sation, 22 janvier, 14 août 1809, 1er juin
1814)

Les parties seront également non recevables, après
le même délai, pour toute demande en restitution de
droits perçus.

(Loi du 22 frimaire an VII, art. 61, n° 1.)

2° Après cinq années aussi, à compter du jour de
l'enregistrement, s'il s'agit d'une omission de biens
faite dans une déclaration après décès;

(Loi du 18 mai 1850, art. 11.)

3° Après dix années, à compter du jour du décès,
pour les successions non déclarées;

(Loi du 18 mai 1850, art. 11.)

4° Après trente ans, pour les réclamations du droit
simple dans tous les cas non prévus dans les paragraphes précédents, notamment lorsqu'il s'agit d'un acte
qui n'a pas été présenté à la formalité;

(Décis. min. fin. 8 prairial an IX, circ. 2013.
— Cour Cassation, 13 octobre 1806. —
5 juin 1837, inst. 1562, § 21; — 17 juillet
1838, inst. 1577, § 13; — 18 août 1852,
inst. 1946, § 3; — 26 avril 1853, inst. 1982,
§ 5; — 8 décembre 1856, inst. 2096, § 4;
— Code Napoléon, art. 2262.)

Et pour les droits de mutations par décès des inscriptions de rentes sur l'Etat et les peines encourues
en cas de retard ou d'omission de ces valeurs dans la
déclaration.

(Loi du 8 juillet 1852, art. 26.)

Les prescriptions ci-dessus seront suspendues par des demandes signifiées et enregistrées avant l'expiration des délais ; mais elles seront acquises irrévocablement, si les poursuites commencées sont interrompues pendant une année, sans qu'il y ait d'instance devant les juges compétents, quand même le premier délai pour la prescription ne serait pas expiré.

(Loi du 22 frimaire an VII, art. 61.)

80. — La date des actes sous signature privée ne pourra cependant être opposée à l'Etat pour prescription des droits et peines encourues, à moins que ces actes n'aient acquis une date certaine par le décès de l'une des parties ou autrement.

(Loi du 22 frimaire an VII, art. 62.)

TITRE IX

Des poursuites et instances.

81. — La solution des difficultés qui pourront s'élever, relativement à la perception des droits d'enregistrement, avant l'introduction des instances, appartient à l'administration.

(Loi du 22 frimaire an VII, art. 63.)

82. — Le premier acte de poursuite pour le recouvrement des droits d'enregistrement et le paiement des peines et amendes prononcées par la loi, sera une contrainte ; elle sera décernée par le receveur ou préposé de l'administration ; elle sera visée et déclarée exécutoire par le juge de paix du canton où le bureau est établi, et elle sera signifiée.

L'exécution de la contrainte ne pourra être interrompue que par une opposition formée par le redevable et motivée, avec une assignation à jour fixe devant le tribunal civil de l'arrondissement. Dans ce cas, l'opposant sera tenu d'élire domicile dans la commune où siége le tribunal.

(Loi du 22 frimaire an VII, art. 64. — Loi du
27 ventôse an XI, art. 6.)

83. — L'introduction et l'instruction des instances auront lieu devant les tribunaux civils d'arrondissement : la connaissance et la décision en sont interdites à toutes autres autorités constituées et administratives. L'instruction se fera par simples mémoires respectivement signifiés, sans plaidoiries. Les parties ne seront point obligées d'employer le ministère des avoués.

Il n'y aura d'autres frais à supporter pour la partie qui succombera que ceux du papier timbré, des significations et du droit d'enregistrement du jugement.

Les tribunaux accorderont soit aux parties, soit aux préposés qui suivront les instances, le délai qu'ils leur demanderont pour produire leur défeuse ; il ne pourra néanmoins être de plus d'un mois.

Les jugements seront rendus dans les trois mois, au plus tard, à compter de l'introduction des instances, sur le rapport d'un juge, fait en audience publique, et sur les conclusions du ministère public : ils seront sans appel, et ne pourront être attaqués que par voie de cassation.

(Loi du 22 frimaire an VII, art. 65. — Loi du
27 ventôse an IX, art. 17.)

84. — Les frais de poursuites payés par les préposés de l'enregistrement, pour des articles tombés en non valeur pour cause d'insolvabilité reconnue des parties condamnées, leur seront remboursés sur l'état qu'ils en apporteront à l'appui de leurs comptes. L'état sera taxé sans frais par le tribunal civil de l'arrondissement, et appuyé de pièces justificatives.

(Loi du 22 frimaire an VII, art. 66.)

TITRE X

De la fixation des droits

85. — Les droits à percevoir pour l'enregistrement des actes et mutations sont fixés aux taux et quotités tarifés par les articles suivants :

(Loi du 22 frimaire an VII, art. 67.)

Droits fixes

86. — Les actes compris sous cet article seront enregistrés et les droits payés ainsi qu'il suit, savoir :

§ 1. — *Actes sujets à un droit fixe de dix centimes.*

Les lettres de gage émises par les société de crédit foncier ; ces lettres doivent être enregistrées en même temps que l'acte de prêt.

(Décret du 28 février 1852, art. 14.)

§ 2. — *Actes sujets à un droit fixe de cinquante centimes*

1° Les significations d'avoué à avoué pour l'instruction des procédures, devant les tribunaux de première instance.

(Loi du 28 avril 1816, art. 41, n° 1.)

2° Les assignations et tous autres exploits devant les prud'hommes.

(Loi du 28 avril 1816, art. 41, n° 2.)

§ 3. — *Actes sujets à un droit fixe d'un franc*

1° Les contrats d'apprentissage, lors même qu'ils contiendraient des obligations de sommes ou valeurs mobilières ou des quittances.

(Loi du 22 janvier, 3 et 22 février 1851, art. 2.)

2° Les certificats de vie, par chaque individu, et ceux de résidence.

(Loi du 22 frimaire an VII, art. 68, § 1, n° 17.
— Loi du 18 mai 1850, art. 8.)

3° Les actes de poursuites et tous autres, tant en action qu'en défense, ayant pour objet, soit le recouvrement des contributions publiques et de toutes autres sommes dues à l'Etat, ainsi que des contributions locales, soit le recouvrement des sommes dues pour mois de nourrices ; le tout lorsqu'il s'agira de cotes,

6

droits et créances excédant au total la somme de cent francs.

(Loi du 22 frimaire an VII, art. 68, § 1, n° 30.
— Loi du 16 juin 1824, art. 6.)

4° Les actes de protêt, soit qu'il s'agisse d'un protêt simple, d'un protêt à deux domiciles et avec besoin, d'un protêt de deux effets, d'un protêt de perquisition, d'un protêt du parquet, ou d'une intervention et d'une dénonciation de protêt.

(Décret du 23 mars 1848.)

5° Les actes (les cédules exceptées) et jugements préparatoires, interlocutoires ou d'instruction des juges de paix, certificats d'individualité, les oppositions à levées de scellés par comparence personnelle dans le procès-verbal, les ordonnances et mandements d'assigner les opposants à scellés, tous autres actes des juges de paix non classés dans les paragraphes et articles suivants, et leurs jugements définitifs portant condamnation de sommes dont le droit proportionnel ne s'éleverait pas à un franc.

(Loi du 22 frimaire an VII, art. 68, § 1, n° 46.)

6° Tous les procès-verbaux des bureaux de paix desquels il ne résulte aucune disposition donnant lieu au droit proportionnel ou dont le droit proportionnel ne s'éleverait pas à un franc.

(Loi du 22 frimaire an VII, art. 68, § 1, n° 47.)

7° Les actes et jugements de la police ordinaire et des tribunaux de police correctionnels et criminels, soit entre parties, soit sur la poursuite du ministère public, avec partie civile, lorsqu'il n'y a pas condamnation de sommes et valeurs, ou dont le droit proportionnel ne s'élèverait pas à un franc ; et les dépôts et décharges aux greffes desdits tribunaux dans les mêmes cas où il y a partie civile.

(Loi du 22 frimaire an VII, art. 68, § 1, n° 48.)

8° Les certificats délivrés par les greffiers d'après les bulletins des casiers des renseignements judiciaires lorsqu'ils ne sont pas délivrés dans l'intérêt de l'Etat.

(Décis. min. just. et fin. du 26 novembre et 6 décembre 1852. Inst. 1957.)

9° Les exécutoires de dépens lorsque le droit proportionnel n'excède pas cette somme.

(Décret du 16 février 1807. Inst. 1984.)

10° Les déclarations d'adjudicataire faites par l'avoué enchérisseur par acte séparé.

(Code procédure civile, art. 707. — Loi du 22 frimaire an VII, art. 68, § 1, n° 51. Solution 3 novembre 1830.)

11° Les significations d'avoué à avoué devant les cours impériales.

(Loi du 28 avril 1816, art. 42.)

12° Les actes de notoriétés passés en France et devant les juges de paix constatant les ressources des demandeurs de concessions de terrains en Algérie.

(Décret du 23 mai 1852.)

13° Les soumissions concernant les servitudes défensives militaires.

(Décret du 10 août 1853, art. 28.)

14° Les transactions au sujet d'amendes et confiscations pour contraventions aux lois sur les douanes et les soumissions par lesquelles les contrevenants se mettent à la discrétion de l'administration des douanes.

(Décis. du 6 avril 1833 : Inst. gén., n° 1428. — 2123, § 4).

15° Les plans, procès-verbaux, certificats, significations, jugements, contrats, marchés, adjudications de travaux, quittances et autres actes ayant pour objet exclusif la construction, l'entretien et la réparation des chemins vicinaux.

(Loi du 21 mai 1836, art. 20).

16° Les récépissés de marchandises déposés dans les magasins généraux.

(Loi du 28 mai 1858, art. 13).

17° Les actes et jugements des prud'hommes lorsque l'objet est indéterminé ou dépasse vingt-cinq francs, et les arrêts sur appel ou pourvoi.

(Décis. du 30 août 1847, Inst. 1796, § 11).

18° Les actes judiciaires relatifs à l'affranchissement des esclaves.

(Décis. du 18 septembre 1847. Inst. gén. 1796, § 1).

19° Les bilans rédigés par acte judiciaire.

(Loi du 22 frimaire an VII, art. 68, § 1, n° 13).

20° Les cahiers de charge par acte judiciaire distinct de l'adjudication.

(Décis. 16 août 1808. Inst. gén. 400, n° 4. — 436, n° 74).

21° Les cautionnements consentis dans un procès-verbal de saisie, par un tiers au profit de l'administration des contributions indirectes.

(Délibération du 21 février 1851).

22° Les prestations de serment des receveurs d'hospices sans traitement, des commis greffiers temporai-
res, des gardes messiers, gardes-ventes ou facteurs,
des interprètes jurés des langues étrangères, des im-
primeurs et des libraires, des surnuméraires chargés
de l'intérim d'un bureau, et celles des employés qui
sans changer de grade ni d'attributions, renouvellent
un serment déjà prêté, celles des courriers convoyeurs
lorsqu'elles ont lieu devant l'autorité judiciaire.

(Décis. 11 vendémiaire an XII. — Circulaire
du 12 septembre 1808. — Cir. 28 septembre
1812. — Décis. 10 août 1813. Inst. 645. —
Décis. 12 décembre 1821. Inst. 1025. —
Décis. 22 février 1825. Inst. 1166, § 11. —
Solution 8 mai 1830. — Décis. 23 juillet
1830. Inst. 1347, § 8 — Inst. 1539, § 8. —
Inst. 1732, § 9 — Décis. 7 février 1853.
Inst. 1960, § 5).

23° Et généralement tous actes judiciaires et extra-
judiciaires qui ne se trouvent dénommés dans aucun
des paragraphes suivants, ni dans aucun autre article
et qui ne peuvent donner lieu au droit proportionnel.

(Loi du 22 frimaire an VII, art. 68, § 1, n° 51).

§ IV. — *Actes sujets à un droit fixe de un franc cinquante centimes.*

Les exploits relatifs aux procédures en matière civile devant les juges de paix, jusques et y compris les
significations des jugements définitifs.

(Loi du 19 juillet 1845, art. 5).

6.

§ 5. — *Actes sujets à un droit fixe de deux francs*

1° Les acquiescements purs et simples.

(Loi du 28 avril 1816, art. 43, n° 1).

2° Les actes de notoriété.

(Loi du 28 avril 1816, art. 43, n° 2).

3° Les actes refaits pour nullité ou autre motif, sans aucun changement qui ajoute aux objets des conventions ou à leur valeur.

(Loi du 28 avril 1816, art. 43, n° 3).

4° Les actes qui ne contiennent que l'exécution, le complément et la consommation d'actes antérieurs enregistrés.

(Loi du 22 frimaire an VII, art. 68, § 1, n° 6.
Loi du 18 mai 1850, art. 8).

5° Les attestations pures et simples.

(Loi du 22 frimaire an VII, art. 68, § 1, n° 10.
Loi du 18 mai 1850, art. 8).

6° Les autorisations pures et simples.

(Loi du 22 frimaire an VII, art. 68, § 1, n° 12.
Loi du 18 mai 1850, art. 8).

7° Les certificats de caution et de cautionnement.

(Loi du 22 frimaire an VII, art. 68, § 1, n° 16.
Loi du 28 avril 1816, art. 43, n° 6).

8° Les certificats purs et simples.

(Loi du 22 frimaire an VII, art. 68, § 1, n° 17.
Loi du 18 mai 1850, art. 8).

9° Les collations d'actes ou pièces et les extraits

d'iceux. Le droit sera payé par chaque acte, pièce ou extrait collationné.

(Loi du 22 frimaire an VII, art. 68, § 1, n° 18.
Loi du 18 mai 1850, art. 8).

10° Les consentements purs et simples.

(Loi du 22 frimaire an VII, art. 68, § 1, n° 21.
Loi du 28 avril 1816, art. 43, n° 7).

11° Les décharges également pures et simples et les récépissés de pièces.

(Loi du 22 frimaire an VII, art. 68, § 1, n° 22.
Loi du 28 avril 1816, art. 43, n° 8).

12° Les déclarations aussi pures et simples en matière civile et de commerce.

(Loi du 22 frimaire an VII, art. 68, § 1, n° 23.
Loi du 28 avril 1816, art. 43, n° 9).

13° Les délivrances de legs pures et simples.

(Loi du 22 frimaire an VII, art. 68, § 1, n° 25.
Loi du 18 mai 1850, art. 8).

14° Les dépôts d'actes et pièces chez les officiers publics.

(Loi du 22 frimaire an VII, art. 68, § 1, n° 26.
Loi du 28 avril 1816, art. 43, n° 10).

15° Les dépôts et consignations de sommes et effets mobiliers chez les officiers publics, lorsqu'ils n'opèrent pas la libération des déposants, et les décharges qu'en donnent les déposants ou leurs héritiers, lorsque la remise des objets déposés leur est faite.

(Loi du 22 frimaire an VII, art. 68, § 1, n° 27.
Loi du 28 avril 1816, art. 43, n° 11).

16° Les désistements purs et simples.

(Loi du 22 frimaire an VII, art. 68, § 1, n° 28.
Loi du 28 avril 1816, art. 43, n° 12).

17° Les exploits et autres actes du ministère des

huissiers qui ne peuvent donner lieu au droit proportionnel et ne sont pas compris sous d'autres articles du tarif. (Commandements, saisies, oppositions, etc...)

(Loi du 28 avril 1816, art. 43, n° 13).

18° Les lettres missives qui ne contiennent ni obligation, ni quittance, ni aucune autre convention donnant lieu au droit proportionnel.

(Loi du 22 frimaire an VII, art. 68, § 1, n° 31.
Loi du 28 avril 1816, art. 43, n° 14).

19° Les nominations d'experts hors jugement.

(Loi du 22 frimaire an VII, art. 68, § 1, n° 32.
Loi du 28 avril 1816, art. 43, n° 15).

20° Les prises de possession en vertu d'actes enregistrés.

(Loi du 22 frimaire an VII, art. 68, § 1, n° 33.
Loi du 18 mai 1850, art. 8).

21° Les prisées de meubles.

(Loi du 22 frimaire an VII, art. 68, § 1, n° 34.
Loi du 18 mai 1850, art. 8).

22° Les procès-verbaux et rapports d'employés, gardes, commissaires, séquestres, experts, arpenteurs et agents forestiers ou ruraux.

(Décis. 15 juillet, 2 août, 24 septembre 1808.
— Ordonnance 22 mai 1816. — Décis. 13 décembre 1828. — Loi du 22 frimaire an VII, art. 68, § 1, n° 35. — Loi du 28 avril 1816, art. 43, n° 16).

23° Les procurations et pouvoirs pour agir ne contenant aucune stipulation ni clause donnant lieu au droit proportionnel.

(Loi du 22 frimaire an VII, art. 68, § 1, n° 36.
Loi du 28 avril 1816, art. 43, n° 17).

24° Les promesses d'indemnités indéterminées et non susceptibles d'évaluation.

(Loi du 22 frimaire an VII, art. 68, § 1, n° 37.
Loi du 28 avril 1816, art. 43, n° 18).

25° Les ratifications pures et simples d'actes en forme.

(Loi du 22 frimaire an VII, art. 68, § 1, n° 38
Loi du 18 mai 1850, art. 8).

26° Les reconnaissances aussi pures et simples ne contenant aucune obligation ni quittance.

(Loi du 22 frimaire an VII, art. 68, § 1, n° 39.
Loi du 28 avril 1816, art. 43, n° 19).

27° Les résiliements purs et simples faits par acte authentique dans les vingt-quatre heures des actes résiliés.

(Loi du 22 frimaire an VII, art. 68, § 1, n° 40.
Loi du 28 avril 1816, art. 43, n° 20).

28° Les rétractations et les révocations.

(Loi du 22 frimaire an VII, art. 68, § 1, n° 41.
Loi du 28 avril 1816, art. 43, n° 21).

29° Les reconnaissances d'enfants naturels par actes de célébration de mariages.

(Loi du 28 avril 1816, art. 43, n° 22).

30° Les soumissions et enchères hors celles faites en justice, sur des objets mis ou à mettre en adjudication ou en vente, ou sur des marchés à passer, lorsqu'elles seront faites par actes séparés de l'adjudication.

(Loi du 22 frimaire an VII, art. 68, § 1, n° 43.
Loi du 18 mai 1850, art. 8).

31° Les procès-verbaux de délits et contraventions aux réglements généraux de police ou d'imposition.

(Loi du 22 frimaire an VII, art. 68, § 1, n° 50.
Loi du 28 avril 1816, art. 43, n° 16. — Loi
du 18 mai 1850, art. 8).

32° Les inventaires de meubles, objets mobiliers, titres et papiers. Il est dû un droit pour chaque vacation.

(Loi du 22 frimaire an VII, art. 68, § 2, n° 1).

33° Les procès-verbaux d'opposition, de reconnaissance et de levée de scellés, et les inventaires, dressés après faillites dans le cas prévu par les articles 455, 457 et 459 du code de commerce. Il n'est dû qu'un seul droit quelque soit le nombre des vacations.

(Loi du 24 mai 1834, art. 11).

34° Les clôtures d'inventaire.

(Loi du 22 frimaire an VII, art. 68, § 2, n° 2).

35° Les jugements des juges de paix portant renvoi ou décharge de demande, débouté d'opposition, validité de congé, expulsion, condamnation à réparation d'injures personnelles, et généralement tous ceux qui, contenant des dispositions définitives, ne donnent pas ouverture au droit proportionnel.

(Loi du 22 frimaire an VII, art. 68, § 2, n° 5).

36° Les prestations de serment comprises sous le n° 22 du § III du présent article lorsqu'elles ont lieu devant l'autorité administrative.

(Loi du 18 mai 1850, art. 8).

37° Les abstentions, répudiations et renonciations à succession, legs ou communauté, lorsqu'elles sont pures et simples, si elles ne sont pas faites en justice ;

Les acceptations de succession, legs ou communauté dans les mêmes cas.

Il est dû un droit par chaque acceptant ou renonçant et par chaque succession.

(Loi du 22 frimaire an VII, art. 68, § 1, n°s 1
et 2. — Loi du 18 mai 1850, art. 8).

38° Les acceptations de transports ou délégations de
créances à terme, faites par actes séparés, lorsque le
droit proportionnel a été acquitté pour le transport ou
la délégation ; et celles qui se font dans les actes
même de délégation de créances aussi à terme.

(Loi du 22 frimaire an VII, art. 68, § I, n° 3.
Loi du 18 mai 1850, art. 8).

39° Les adjudications au rabais et marchés pour
constructions, réparations, entretien, approvisionne-
ments et fournitures dont le prix doit être payé directement ou indirectement par le trésor de l'Etat.

Et les cautionnements relatifs à ces adjudications et
marchés.

(Loi du 15 mai 1818, art. 73. — Loi du 18
mai 1850, art. 8).

40° Les actes conditionnels de prêt entre les sociétés
de crédit foncier et les emprunteurs.

(Instruction 1968).

41° Les actes de nantissement au profit des comptoirs et sous comptoirs d'escompte, que les emprunteurs soient commerçants ou non, à l'exception des
actes de prêt contenant affectation d'immeubles en hypothèque.

(Décret du 24 mars 1848. — Décision minis.
fin. 15 décembre 1858. — Inst. 1987).

42° Les adjudications et marchés de toute nature ayant pour objet le travail dans les prisons.

(Loi du 6 juin 1857. — Inst. 2099).

43° Les adjudications et marchés concernant les lycées.

(Décision min. fin. 22 avril 1858. — Inst. 2123, § 1).

44° Les actes respectueux.

(Loi du 22 frimaire an VII, art. 68, § 1. n° 51. Loi du 18 mai 1850, art. 8).

45° Les adoptions autres que celles faites par jugement.

(Loi du 22 frimaire an VII, art. 68, § 1, n° 9. Loi du 18 mai 1850, art. 8).

46° Les actes civils et administratifs relatifs à l'affranchissement des esclaves.

(Décision du 18 septembre 1847. — Inst. 1796, § 1. — Loi du 18 mai 1850, art. 8).

47° Les bilans présentés par acte civil.

(Loi du 22 frimaire an VII, art. 68, § 1, n° 13. Loi du 18 mai 1850, art. 8).

48° Les cahiers de charges rédigés par acte civil distinct de l'adjudication.

(Loi du 18 mai 1850, art. 8).

49° Les cautionnements en immeubles des conservateurs des hypothèques.

(Loi du 21 ventôse an VII, art. 5. — Loi du 18 mai 1850, art. 8).

50° Les cautionnements relatifs aux armements en course.

(Loi du 18 mai 1850, art. 8. — Inst. 172).

51° Les projets et arrêtés de comptes de tutelle, ne donnant pas lieu au droit proportionnel.

(Loi du 18 mai 1850, art. 8).

52° Les procès-verbaux de cote et paraphe de registres.

(Loi du 28 avril 1816, art. 73. — Loi du 18
mai 1850, art. 8).

53° Les ouvertures de crédit, lors même qu'elles contiennent une affectation hypothécaire ou un cautionnement.

(Cour de cassation 26 janvier 1814, 10 mai
1831, 9 mai 1832, 29 avril 1844. — Délibé-
ration du 9 avril 1833. — Loi du 18 mai
1850, art. 8).

54° Les déclarations passées par les titulaires de cautionnement au profit des bailleurs de fonds pour leur faire obtenir le privilége de second ordre.

(Décret du 22 décembre 1812. Inst. 1030. —
Décis. 23 mars 1822. Inst. 1293, § 2. — Loi
du 18 mai 1850, art. 8).

55° Les endossements d'effets négociables par acte notarié.

(Inst. 1795, § 9. — Loi du 18 mai 1850, art. 8).

56° Les lettres de voiture : il est dû un droit par chaque personne à qui les envois sont faits.

(Loi du 22 frimaire an VII, art. 68, § I, n° 20
Loi du 18 mai 1850, art. 8).

57° Les main-levées.

(Décision minis. finances du 18 août 1816.
Inst. 758. — Loi du 18 mai 1850, art. 8).

58° Les marchés pour construction de navires, et les ventes de navires.

(Loi du 21 avril 1818, art. 64. — Loi du 18
mai 1850, art. 8).

7

59° Les ventes de marchandises avariées faites par les commissaires de marine.

(Décis. 2 mars 1821. Inst. 978 — Loi du 18 mai 1850, art. 8).

60° Les polices d'assurances maritimes lorsqu'il n'en sera pas fait usage en justice.

(Loi du 16 juin 1824, art. 5. -- Loi du 18 mai 1850, art. 8).

61° Les actes de prêt sur dépôt ou consignation de marchandises, fonds publics français, et actions des compagnies d'industrie et de finances dans le cas prévu par l'article 95 du code de commerce.

(Loi du 8 septembre 1830).

62° Les quittances de répartition données par les créanciers aux syndics ou au caissier de la faillite, en exécution de l'article 569 du code de commerce, quel que soit le nombre d'émargements sur chaque état de répartition.

(Loi du 24 mai 1834, art. 15).

63° Et généralement tous les actes civils et administratifs qui ne donnent pas lieu à la perception d'un droit proportionnel, et ne sont pas désignés sous un autre article de la loi.

(Loi du 18 mai 1850, art. 8).

§ VI. — *Actes sujets à un droit fixe de trois francs.*

1° Les adjudications à la folle enchère, lorsque le prix n'est pas supérieur à celui de la précédente adjudication, si elle a été enregistrée.

(Loi du 22 frimaire an VII, art. 68, § 1, n° 8. Loi du 28 avril 1816, art. 44, n° 1).

2° Les compromis ou nominations d'arbitres, qui ne contiennent aucune obligation de sommes et valeurs donnant lieu au droit proportionnel.

(Loi du 28 avril 1816, art. 44, no 2).

3° Les déclarations ou élections de command ou d'ami, lorsque la faculté d'élire un command a été réservée dans l'acte d'adjudication ou le contrat de vente, et que la déclaration est faite par acte public et notifié dans les vingt-quatre heures de l'adjudication ou du contrat.

(Loi du 28 avril 1816, art. 44, n° 3).

4° Les réunions d'usufruit à la nu-propriété, lorsque la réunion s'opère par acte de cession et qu'elle n'est pas faite pour un prix supérieur à celui sur lequel le droit a été perçu lors de l'aliénation de la propriété.

(Loi du 28 avril 1816, art. 44, n° 4).

5° Les titres nouvels et reconnaissances de rentes dont les contrats sont justifiés en forme.

(Loi du 28 avril 1816, art. 44, n° 5).

6° Les connaissements ou reconnaissances de chargements par mer. Il est dû un droit par chaque personne à qui les envois sont faits.

(Loi du 28 avril 1816, art. 44, n° 6. — Loi
du 22 frimaire an VII, art. 68, § I, n° 20).

7° Les exploits et autres actes du ministère des huissiers relatifs aux procédures devant les Cours impériales, jusques y compris la signification des arrêts définitifs (autres que les déclarations d'appel et les significations d'avoué à avoué).

(Loi du 28 avril 1846, art. 44, n° 7).

8° Les transactions, en quelque matière que ce soit, qui ne contiennent aucune stipulation de sommes et valeurs, ni dispositions soumises à un plus fort droit d'enregistrement.

(Loi du 28 avril 1846, art. 44, n° 8).

9° Les prestations de serment des greffiers de la justice de paix, des gardes des douanes, gardes d'artillerie, surveillants des lignes télégraphiques, gardiens de batterie, débitants de tabacs, quel que soit le bénéfice qu'ils retirent de leur débit, gardes-forestiers et gardes-champêtres, des greffiers des maires pour les affaires de police, des porteurs de contraintes, des agents inférieurs des douanes, des gardes à cheval des forêts, des conducteurs des ponts et chaussées et autres agents chargés de la surveillance des routes, de la navigation et des mines, des agents-voyers et chefs cantonniers, des employés de l'Etat dont le traitement n'excède pas 500 fr., des receveurs d'hospices qui ne jouissent pas d'un traitement supérieur, des

receveurs ou employés de l'octroi, et des employés
des monts-de-piété.

(Loi du 22 frimaire an VII, art. 68, § 3, n° 3.
— Décis. 20 floréal an XI. Inst. 290, § 47.
— Du 3 floréal an XIII. Inst. 290, § 55. —
Du 4 thermidor an XIII. Inst. 290, n° 60.
— Décis. du 2 août 1808. Inst. 400, n° 7.—
Décret du 17 mars 1809, art. 138. — Décis.
11 août 1811. Inst. 537-549. — Décis. 20
octobre 1812. — Ordonnance, 9 décembre
1814 — Décis. 25 octobre 1816; Inst. 366,
§ 17. — Décis. 9 mai 1817; Inst. 785. —
Décis. 11 novembre 1818. — Décis. 22 février 1825; Inst 1166, § 11. — Décis. 7 juin
1833; Inst. 1429. — Décis. 22 mars 1837 et
7 juin 1850; Inst. 1853. — Décis. 10 novembre 1854; Inst. 2025, § 1. — Décis. 3
février 1855; Inst. 2025, § 2. — Inst. 2062,
§ 5).

10° Les jugements définitifs des juges de paix, rendus en dernier ressort, d'après la volonté expresse des
parties, au delà des limites de la compétence ordinaire, lorsqu'ils ne contiennent pas de dispositions
donnant ouverture à un droit proportionnel supérieur.

(Loi du 28 avril 1816, art. 44, n° 9).

11° Les ordonnances des juges des tribunaux civils,
de commerce ou d'arbitrage, rendues sur requêtes ou
mémoires; celles de référé, de compulsoire et d'in-
jonction; celles portant permission de saisir-gager,
revendiquer ou vendre, et celles des officiers du ministère public dans les cas où la loi les autorise à en
rendre;

Les actes et les jugements préparatoires ou d'instruction et les jugements définitifs rendus en dernier
ressort qui ne peuvent donner lieu au droit propor-

tionnel, ou dont le droit ne s'élèverait pas à trois francs, et qui ne sont pas classés dans d'autres paragraphes ;

Et les actes faits ou passés aux greffes des mêmes tribunaux, portant acquiescement, dépôt, décharge, désaveu, exclusion de tribunaux, affirmation de voyage, opposition à remise de pièces, à publication de séparation, enchères, surenchères, renonciation à communauté, succession ou legs (il est dû un droit par chaque renonçant), reprise d'instance, communication de pièces sans déplacement, affirmation et vérification de créances, opposition à délivrance de jugement et tous autres actes conservatoires ou de formalité.

(Loi du 22 frimaire an VII, art. 68, § 2, nᵒˢ 6
et 7; § 3, nᵒ 7. — Loi du 28 avril 1816,
art. 44, nᵒ 10).

12º Les jugements portant résolution de vente ou contrat pour cause de nullité radicale, et ceux portant résolution de vente pour défaut de paiement, lorsque l'acquéreur ne sera point entré en jouissance.

(Loi du 22 frimaire an VII, art. 68, § 3, nᵒ 7.
Loi du 27 ventôse an IX, art. 12).

13º Les significations d'avocat à avocat dans les instances devant la Cour de cassation et le conseil d'Etat.

(Loi du 28 avril 1816, art. 44, nᵒ 11.)

14º Les concordats ou atermoiements consentis conformément aux articles 507 et suivants du Code de commerce, quelle que soit la somme que le failli s'oblige de payer.

(Loi du 24 mai 1834, art. 14).

15° Les procès-verbaux d'affirmation de créances, faits en exécution de l'article 497 du Code de commerce, quel que soit le nombre des déclarations affirmatives.

(Loi du 24 mai 1834, art. 13. — Loi du 28 avril 1816, art. 44, n° 10).

§ VII. — *Actes sujets à un droit fixe de quatre francs.*

1° Les avis de parents et les procès-verbaux de nomination de tuteurs et de curateurs ;

2° Les procès-verbaux d'apposition, de reconnaissance et de levées de scellés. (Il est dû un droit pour chaque vacation).

(Loi du 19 juillet 1845, art 5).

§ VIII. — *Actes sujets à un droit fixe de cinq francs.*

1° Les abandonnements de biens soit volontaires, soit forcés, pour être vendus en direction.

(Loi du 22 frimaire an VII, art. 68, § 4, n° 1).

2° Les déclarations et significations d'appel des jugements des juges de paix aux tribunaux civils.

(Loi du 22 frimaire an VII, art. 62, § 4, n° 3).

3° Les exploits et autres actes du ministère des huissiers relatifs aux procédures devant la Cour de cassation et le conseil d'Etat, jusques et compris les significations des arrêts définitifs (excepté le premier acte de recours et les significations d'avocat à avocat).

(Loi du 28 avril 1816, art. 45, n° 1).

4° Les contrats de mariage qui ne contiennent d'autres dispositions que des déclarations, de la part des futurs, de ce qu'ils apportent eux-mêmes en mariage et se constituent sans aucune stipulation avantageuse entre eux.

La reconnaissance y énoncée, de la part du futur, d'avoir reçu la dot apportée par la future, ne donne pas lieu à un droit particulier.

Si les futurs sont dotés par leurs ascendants, ou s'il leur est fait des donations par des collatéraux ou autres personnes non parentes, par leur contrat de mariage, les droits, dans ce cas, seront réglés dans l'article suivant :

(Loi du 22 frimaire an VII, art. 68, § 3, n° 1.
Loi du 28 avril 1816, art. 45, n° 2).

5° Les actes de formation ou de dissolution de société qui ne portent ni obligation, ni libération, ni transmission de biens meubles ou immeubles entre les associés ou autres personnes.

(Loi du 22 frimaire an VII, art. 68, § 3, n° 4.
Loi du 28 avril 1816, art. 45, n° 2).

6° Les partages de biens meubles et immeubles entre copropriétaires, à quelque titre que ce soit, pourvu qu'il en soit justifié.

S'il y a retour, le droit sur ce qui en sera l'objet

sera perçu aux taux réglés pour les ventes, moins le droit de transcription.

(Loi du 22 frimaire an VII, art. 68, § 3, nᵒ 2.
Loi du 28 avril 1816, art. 45, nᵒ 3)

7° Les testaments et tous autres actes de libéralité qui ne contiennent que des dispositions soumises à l'événement du décès, et les dispositions de même nature qui sont faites par contrat de mariage entre les futurs ou par d'autres personnes.

Le droit pour ces dispositions par acte de mariage sera perçu indépendamment de celui du contrat.

(Loi du 22 frimaire an VII, art. 68, § 3, nᵒ 5.
Loi du 28 avril 1816, art. 45, nᵒ 4).

8° Les jugements des tribunaux civils prononçant sur l'appel des juges de paix; ceux desdits tribunaux et des tribunaux de commerce et d'arbitres, rendus en premier ressort, contenant des dispositions définitives qui ne donneraient pas lieu à un droit proportionnel plus élevé.

(Loi du 28 avril 1816, art. 45, nᵒ 5).

9° Les arrêts interlocutoires ou préparatoires rendus par les Cours d'appel, lorsqu'ils ne seront pas susceptibles d'un droit plus élevé, et les ordonnances et actes désignés dans le nᵒ 11 du paragraphe 6 ci-dessus, devant les mêmes Cours.

(Loi du 28 avril 1816, art. 45, nᵒ 6).

10° Les reconnaissances d'enfants naturels autrement que par acte de mariage.

(Loi du 28 avril 1816, art. 45, nᵒ 7).

7.

§ IX. — *Actes sujets à un droit fixe de dix francs.*

1° Les déclarations et significations d'appel des jugements des tribunaux civils, de commerce et d'arbitrage.

(Loi du 22 frimaire an VII, art. 68, § 5, n° 1).

2° Les jugements rendus en dernier ressort par les tribunaux de première instance ou les arbitres, d'après le consentement des parties, lorsque la matière ne comportait pas ce dernier ressort, sauf la perception du droit proportionnel, s'il s'élève au delà de dix francs.

(Loi du 28 avril 1816, art. 46, n° 1).

3° Les arrêts définitifs des Cours impériales dont le droit proportionnel ne s'élèverait pas à dix francs.

(Loi du 28 avril 1816, art. 46, n° 2).

4° Les arrêts interlocutoires ou préparatoires de la Cour de cassation ou du conseil d'Etat.

(Loi du 28 avril 1816, art. 46, n° 3).

5° Les actes d'émancipation (le droit est dû par chaque émancipé).

(Loi du 22 frimaire an VII, art. 68, § 4, n° 2.
Loi du 19 juillet 1845, art. 5).

6° Les actes translatifs de propriété, d'usufruit, ou de jouissance de biens immeubles, situés soit en pays étranger, soit dans les colonies françaises, où le droit d'enregistrement n'est pas établi, sans que, dans au-

cun cas , le droit fixe puisse excéder le droit proportionnel qui serait dû s'il s'agissait de biens situés en
France.

(Loi du 16 juin 1824, art. 4).

§ X. — *Actes sujets à un droit fixe de quinze francs.*

1° Les jugements des tribunaux civils portant interdiction, et ceux de séparation de biens entre mari et
femme, lorsqu'ils ne portent point condamnation de
sommes et valeurs, ou lorsque le droit proportionnel
ne s'élèvera pas à quinze francs.

(Loi du 22 frimaire an VII, art. 68, § 6, n° 2.)

2° Les prestations de serment des notaires, huissiers et greffiers, de tous employés salariés par l'Etat,
autres que les gardes et ceux dénommés ci-dessus,
des avoués, des avocats et défenseurs officieux, et des
receveurs d'hospices jouissant d'un traitement supérieur à 500 fr.

(Loi du 22 frimaire an VII, art. 68, § 6, n° 4.
Loi du 27 ventôse an IX, art. 14. — Décret
du 31 mai 1807 ; Inst. 330, 555. — Décis.
du 22 février 1825 ; Inst. 1166, § 11).

§ XI. — *Actes sujets à un droit fixe de vingt-cinq francs.*

1° Le premier acte de recours en cassation ou devant le conseil d'Etat, soit par requête, mémoire ou

déclaration en matière civile, de police simple ou de police correctionnelle.

(Loi du 28 avril 1816, art. 47, n° 1).

2° Les arrêts des Cours impériales portant interdiction ou prononçant séparation de corps entre mari et femme.

(Loi du 28 avril 1816, art. 47, n° 2).

3° Les arrêts définitifs de la Cour de cassation ou du conseil d'Etat.

(Loi du 28 avril 1816, art. 47, n° 3).

§ XII. — *Actes sujets à un droit fixe de cinquante francs.*

1° Les actes de tutelle officieuse ;

2° Les jugements de première instance admettant une adoption.

(Loi du 28 avril 1816, art. 48).

§ XIII. — *Actes sujets à un droit fixe de cent francs.*

Les arrêts des Cours d'appel, confirmant une adoption.

(Loi du 28 avril 1816, art. 49).

—

Droits proportionnels.

87. — Les actes et mutations compris sous cet article seront enregistrés, et les droits payés suivant les quotités ci-après; savoir :

§ I. — *Dix centimes par cent francs.*

1° Les cautionnements de baux (le droit sera liquidé comme celui des baux).

(Loi du 16 juin 1824, art. 1).

2° Les ventes publiques aux enchères, en gros, par le ministère des courtiers, des marchandises désignées dans un tableau annexé à la loi du 28 mai 1858, et de celles qui pourront y être ajoutées conformément à cette loi.

(Loi du 28 mai 1858, art. 1 et 4).

§ II. — *Douze centimes par cent francs.*

1° Les cessions de titres ou promesses d'actions et d'obligations dans une société, compagnie ou entreprise quelconque, financière, industrielle ou civile, française, lorsqu'il s'agit de titres au porteur ou de ceux dont la transmission peut s'opérer sans un transfert sur les registres de la société.

Ce droit constitue une taxe annuelle et obligatoire qui se perçoit sur le capital desdites actions et obligations, évalué par leur cours moyen pendant l'année précédente, et, à défaut de cours dans cette année, conformément à l'article 22 ci-dessus.

Ce droit est payable par trimestre et avancé par les compagnies, sociétés et entreprises, sauf recours contre les porteurs desdits titres.

(Loi du 23 juin 1857, art. 6, 7, 9. — Décret du 17 juillet 1857).

2° Les cessions d'actions ou obligations de sociétés, compagnies ou entreprises étrangères, qui ont été admises à faire coter leurs valeurs soit à la Bourse de Paris, soit aux Bourses départementales.

Ce droit constitue une taxe annuelle et obligatoire, sans distinction entre les titres nominatifs et les titres au porteur : l'évaluation pour la liquidation du droit et le paiement sont effectués comme il est dit dans le précédent numéro.

(Décret du 17 juillet 1857, art. 10).

§ III. — *Vingt centimes par cent francs.*

1° Les cessions de titres ou promesses d'actions et d'obligations nominatifs, dans une société, compagnie ou entreprise quelconque, financière, industrielle, commerciale ou civile, et les conversions d'actions et d'obligations au porteur en titres nominatifs, et réciproquement.

Le droit est perçu au moment du transfert pour le compte du Trésor auquel il est versé par les sociétés, compagnies et entreprises, sauf recours contre les porteurs desdits titres.

Les transferts faits à titre de garantie et n'emportant pas transmission de propriété ne donnent pas ouverture au droit.

(Loi du 23 juin 1857, art. 6, 7, 8, 9. — Décret du 17 juillet 1857).

2° Les baux à ferme ou à loyer des biens meubles ou immeubles, sous-baux, subrogations, cessions et rétrocessions de baux, les baux de pâturage et nourriture d'animaux, les baux à cheptel ou reconnaissances de bestiaux, et les baux ou conventions pour nourriture de personnes, lorsque la durée sera limitée.

Le droit sera perçu sur le prix cumulé des années.

Pour les baux à cheptel, le droit se perçoit sur l'évaluation du bétail, à défaut du prix stipulé.

Seront considérés pour la liquidation et le paiement du droit, comme baux de neuf années, ceux faits pour trois, six ou neuf ans.

(Loi du 22 frimaire an VII, art. 68, § 3, n° 2. Loi du 16 juin 1824, art. 1).

3° Les concessions pour un temps moindre que trente ans de terrains dans les cimetières.

(Décis. min. finances, 12 mai 1846 ; Inst. 1757).

§ IV. — *Vingt-cinq centimes par cent francs.*

Les lettres de change tirées de place en place, et celles venant de l'étranger ou des colonies françaises, lorsqu'elles sont protestées faute de paiement, et l'aval qui en est donné par acte séparé.

Elles pourront n'être présentées à l'enregistrement qu'avec l'assignation.

Dans le cas de protêt, faute d'acceptation, les lettres de change devront être enregistrées, seulement avant que la demande en remboursement ou en cautionnement puisse être formée contre les endosseurs ou le tireur.

(Loi du 28 avril 1816, art. 50. — Décis. 7 août 1810; Inst. 488).

§ V. — *Cinquante centimes par cent francs.*

1° Les billets à ordre, et tous autres effets négociables de particuliers ou de compagnies, à l'exception des lettres de change tirées de place en place.

Les effets négociables de cette nature pourront n'être présentés à l'enregistrement qu'avec les protêts qui en auront été faits.

(Loi du 22 frimaire an VII, art. 69, § 2, n° 6.)

2° Les cautionnements de sommes et objets mobiliers, les garanties mobilières et les indemnités de même nature.

Le droit sera perçu indépendamment de celui de la disposition que le cautionnement, la garantie ou l'indemnité aura pour objet, mais sans pouvoir l'excéder.

Il ne sera dû qu'un demi-droit pour les cautionnements des comptables envers l'Etat.

(Loi du 22 frimaire an VII, art. 69, § 2, n° 8.)

3° Les jugements contradictoires ou par défaut des tribunaux civils, de commerce et d'arbitrage, de la police ordinaire, de la police correctionnelle et des tribunaux criminels portant condamnation, collocation ou liquidation de sommes et valeurs mobilières, intérêts et dépens entre particuliers, excepté les dommages-intérêts dont le droit proportionnel est fixé à deux pour cent.

Dans aucun cas, et pour aucun de ces jugements, le droit proportionnel ne pourra être au-dessous du droit fixe, tel qu'il est réglé dans l'article précédent pour les jugements des divers tribunaux.

Lorsque le droit proportionnel aura été acquitté sur un jugement rendu par défaut, la perception sur le jugement contradictoire qui pourra intervenir n'aura lieu que sur le supplément des condamnations; il en sera de même des jugements rendus sur appel et des exécutoires.

S'il n'y a pas de supplément de condamnation, le jugement sera enregistré pour le droit fixe qui sera toujours le moindre droit à percevoir.

Lorsqu'une condamnation sera rendue sur une demande non établie par un titre enregistré et susceptible de l'être, le droit auquel l'objet de la demande aurait donné lieu s'il avait été convenu par acte public, sera perçu indépendamment du droit dû pour l'acte ou le jugement qui aura prononcé la condamnation.

(Loi du 22 frimaire an VII, art. 69, § 2, n° 9.
Loi du 28 avril 1816, art. 38).

4° Les obligations à la grosse aventure ou pour retour de voyage.

(Loi du 22 frimaire an VII, art. 69, §2, n° 10).

5° Les quittances, remboursements ou rachats de rentes et redevances de toute nature ; les retraits exercés en vertu de réméré, par actes publics, dans les délais stipulés, ou faits sous signature privée et présentés à l'enregistrement dans ces délais, les acceptilations ou remises de dettes, et tous autres actes et écrits portant libération de sommes et valeurs mobilières.

(Loi du 22 frimaire an VII, art. 69, §2, n° 11.
— Inst. gén. 1256).

6° Les cautionnements de se représenter ou de représenter un tiers, en cas de mise en liberté provisoire, soit en vertu d'un sauf-conduit dans les cas prévus par le Code de procédure et le Code de commerce, soit en matière civile, soit en matière correctionnelle ou criminelle.

(Loi du 28 avril 1816, art. 50, n° 2).

7° Les ventes publiques et aux enchères par les courtiers de commerce d'après l'autorisation du tribunal de commerce, et celles de même espèce faites dans les lieux où il n'y a pas de courtiers de commerce par les commissaires-priseurs, les notaires, huissiers ou greffiers de justices de paix, et celles faites conformément à l'article 486 du Code de commerce, après faillite.

(Loi du 15 mai 1818, art. 74.— Loi du 24 mai
1834, art. 12. – Loi du 25 juin 1841, art. 10).

8° Les warants ou bulletins de gage, délivrés par les magasins généraux.

(Loi du 28 mai 1858, art. 3, 4, 13).

9° Les atermoiements entre débiteurs et créanciers autres que ceux après faillite.

Le droit est perçu sur les sommes que le débiteur s'oblige de payer.

(Loi du 22 frimaire an VII, art. 69, § 2, n° 4.
— Loi du 24 mai 1834, art. 14).

§ VI. — *Un franc par cent francs.*

1° Les abandonnements pour fait d'assurance ou grosse aventure.

Le droit sera perçu sur la valeur des objets abandonnés.

En temps de guerre il ne sera dû qu'un demi droit.

(Loi du 28 avril 1816, art. 51, n° 1).

2° Les actes et contrats d'assurance.

Le droit sera perçu sur la valeur de la prime.

En temps de guerre il n'y aura lieu qu'au demi droit.

Les polices d'assurance maritime ne seront assujetties qu'au droit fixe : le droit proportionnel sera perçu seulement lorsqu'il sera fait usage de ces actes en justice.

(Loi du 28 avril 1816, art. 51, n° 2. — Loi du
16 juin 1824, art. 5).

3° Les adjudications au rabais et marchés pour

constructions, réparations, entretien et fournitures, et tous autres objets mobiliers susceptibles d'évaluation, qui ne contiendront ni vente, ni promesse de livrer des marchandises, denrées ou autres objets mobiliers, faits entre particuliers, et ceux dont le prix doit être payé par les administrations centrales et municipales ou par des établissements publics.

Le droit est dû sur la totalité du prix.

(Loi du 22 frimaire an VII, art. 69, § 2, n° 3 et § 3, n° 1.— Loi du 28 avril 1816, art. 51, n° 3).

4° Les contrats, transanctions, promesses de payer, arrêtés de comptes, billets, mandats ; les transports, cessions et délégations de créances à terme ; les délégations de prix stipulées dans un contrat, pour acquitter des créances à terme envers un tiers, sans énonciation de titre enregistré, sauf, pour ce cas, les restitutions dans le délai prescrit, s'il est justifié d'un titre précédemment enregistré ; les reconnaissances, celles de dépôts de sommes chez des particuliers, ou tous autres actes ou écrits qui contiendront obligation de sommes, sans libéralité et sans que l'obligation soit le prix d'une transmission de meubles ou d'immeubles non enregistrée.

(Loi du 22 frimaire an VII, art. 69, § 3, n° 3).

5° Les donations de biens meubles et immeubles, portant partage, faites par actes entre vifs, conformément aux articles 1075 et 1076 du Code Napoléon, par les père et mère, ou autres ascendants entre leurs enfants et descendants.

Le droit d'un et demi pour cent ne sera perçu sur les dites donations que lorsque la transcription en sera requise au bureau des hypothèques.

(Loi du 16 juin 1824, art. 3. — Loi du 18 mai 1850, art. 10).

6° Les mutations de biens meubles ou immeubles, en propriété ou usufruit, qui auront lieu par décès en ligne directe.

(Loi du 22 frimaire an VII, art. 69, § 3, n° 4. Loi du 18 mai 1850, art. 10).

7° Les mutations par décès de majorat, de biens particuliers et ceux dits de propre mouvement, constitués avec des biens de l'Etat, lors même que les appelés ne seraient pas descendants des titulaires décédés.

Le droit est perçu pour les derniers sur l'usufruit seulement.

(Décret du 24 juin 1808, art. 6. — Loi du 12 mai 1835. — Loi du 7 mai 1849, art. 7).

§ VII. — *Un franc vingt-cinq centimes par cent francs.*

Les donations entre vifs, en propriété ou usufruit, de biens meubles en ligne directe, faites par contrat de mariage aux futurs.

(Loi du 22 frimaire an VII, art. 69, § 4, n° 1 ; § 6, n° 2. — Loi du 18 mai 1850, art. 10. — Délib. du 18 juin 1850).

§ VIII. — *Un franc cinquante centimes par cent francs.*

1° Les adjudications d'immeubles dépendant des successions au profit des héritiers qui ont accepté sous bénéfice d'inventaire.

> (Cour de cassation, 15 janvier 1834; Inst. 1458, § 1. — 15 avril 1840; 1630, § 1. — 10 mai 1841; 1661, § 1. — 16 février 1842; 1675, § 1. — 10 avril 1848; 1825, § 1).

2° Et généralement tous actes susceptibles d'être transcrits, tels que :

Les réunions de l'usufruit à la propriété, par cession, lorsque le droit de transcription n'a pas été perçu lors de la transmission de la propriété ;

Les testaments portant legs d'immeubles à charge de restitution.

Ce droit est perçu au moment de l'enregistrement.

> (Loi du 28 avril 1816, art. 54. — Code Napoléon, art. 612. — 1165; 1167; 2181; 2182. — Cour de cassation, 2 novembre 1848; Inst. 1837, § 14. — 25 avril 1849; 1844, § 17. — 2 janvier 1850, 1857, § 17).

3° Les donations de biens meubles entre époux par contrat de mariage.

> (Loi du 28 avril 1816, art. 53. — Loi du 18 mai 1850, art. 10. — Délib. du 18 juin 1850).

§ IX. — *Deux francs par cent francs.*

1° Les adjudications, ventes, reventes, cessions,

rétrocessions, marchés, traités et tous autres actes, soit civils, soit judiciaires, translatifs de propriété à titre onéreux, de meubles, récoltes de l'année sur pied, coupes de bois taillis et de haute futaie, et autres objets mobiliers généralement quelconques, même les ventes de biens de cette nature faites par l'Etat.

Les adjudications à la folle enchère de biens meubles sont assujetties au même droit, mais seulement sur ce qui excède le prix de la précédente adjudication, si le droit en a été acquitté.

Pour les ventes publiques et par enchères d'objets mobiliers, le droit sera perçu sur le montant des sommes que contiendra cumulativement le procès-verbal des séances à enregistrer dans le délai prescrit.

(Loi du 22 frimaire an VII, art. 69, § 5, n° I.
Loi du 22 pluviôse an VII, art. 6).

2° Les constitutions de rentes, soit perpétuelles, soit viagères, et de pensions à titre onéreux ; les cessions, transports et délégations qui en sont faits au même titre, et les baux de biens meubles faits pour un temps illimité.

(Loi du 22 frimaire an VII, art. 69, § 5, n° 2).

3° Les élections ou déclarations de command ou d'amis, sur adjudication au contrat de vente de biens meubles, lorsque l'élection est faite après les vingt-quatre heures, ou sans que la faculté d'élire un command ait été réservée dans l'acte d'adjudication ou le contrat de vente.

(Loi du 22 frimaire an VII, art. 69, § 5, n° 4).

4° Les engagements de biens immeubles ou antichrèses.

(Loi du 22 frimaire an VII, art. 69, § 5, n° 5)·

5° Les parts et portions acquises par licitation de biens meubles indivis.

(Loi du 22 frimaire an VII, art. 69, § 5, n° 6).

6° Les retours de partages de biens meubles.

(Loi du 22 frimaire an VII, art. 69, § 5, n° 7).

7° Les dommages-intérêts prononcés par les tribunaux criminels, correctionnels et de police, et les tribunaux civils.

(Loi du 22 frimaire an VII, art. 69, § 5, n° 8.
Loi du 27 ventôse an IX, art. 11).

8° Les ventes d'immeubles de l'Etat.

(Loi du 26 vendémiaire an VII, art. 14. —
Loi du 15 floréal an X, art. 10. — Loi du 5
ventôse an XII).

9° Les transmissions d'office à titre onéreux.

Le droit sera perçu sur le prix exprimé et le capital des charges qui pourront ajouter au prix sans pouvoir être inférieur au dixième du cautionnement attaché à la fonction ou à l'emploi.

Lorsque l'office passera à l'héritier unique du titulaire, le droit de deux pour cent sera perçu d'après une déclaration estimative de la valeur de l'office et des objets en dépendant. Cette déclaration sera faite au bureau de l'enregistrement de la résidence du titulaire décédé. La quittance du receveur devra être jointe à l'appui de la demande de nomination du successeur. Le droit acquitté sur cette déclaration ou sur le traité fait entre les co-héritiers sera imputé, jusqu'à due concurrence, sur celui que les héritiers auront à payer, lors de la déclaration de succession, sur la valeur estimative de l'office, d'après les quotités fixées, pour les biens meubles, par les lois en vigueur.

(Loi du 25 juin 1841, art. 7, 8, 9, 10).

§ X. — *Deux francs cinquante centimes par cent francs.*

1° Les échanges de biens immeubles, y compris le droit de transcription.

Le droit sera perçu sur la valeur d'une des parts lorsqu'il n'y aura aucun retour.

S'il y a retour, le droit sera payé sur la moindre portion à deux francs cinquante centimes par cent francs, et comme pour vente sur le retour ou la plus-value.

(Loi du 22 frimaire an VII, art. 69, § 5, n° 3.
— Loi du 28 avril 1816, art. 54. — Loi du
16 juin 1824, art. 2. — Loi du 24 mai 1834,
art. 16).

2° Les donations entre vifs de biens meubles, en ligne directe hors contrat de mariage.

(Loi du 22 frimaire an VII, art. 69, § 4, n° 1.
— Loi du 18 mai 1850, art. 10. — Délibé-
ration du 18 juin 1850).

8.

§ XI. — *Deux francs soixante-quinze centimes par cent
francs (y compris le droit de transcription.)*

Les donations entre vifs de biens immeubles, faites
aux époux, dans leur contrat de mariage, par leurs
ascendants.

(Loi du 22 frimaire an VII, art. 69, § 6, n° 2.
— Loi du 28 avril 1816, art. 54. — Loi du
18 mai 1850, art. 10).

§ XII. — *Trois francs par cent francs.*

1° Les donations entre époux de biens immeubles
par contrat de mariage, y compris le droit de transcription.

2° Les donations, entre époux, de biens meubles,
par acte entre vifs, autre que le contrat de mariage ;

3° Les mutations par décès, entre époux, de biens
meubles et immeubles.

(Loi du 28 avril 1816, art. 53, 54. — Loi du
18 mai 1850, art. 10. — Délibération du 18
juin 1850).

§ XIII. — *Trois francs cinquante centimes par cent
francs (y compris le droit de transcription.)*

Les cessions et délégations de rentes foncières,
créées avant la loi du 11 brumaire an VII.

(Loi du 22 frimaire an VII, art. 69, § 5, n° 2
— Loi du 28 avril 1816, art. 54. — Décis.
14 avril 1818 ; Inst. 832, n° 3).

§ XIV. — *Quatre francs par cent francs.*

1° Les parts et portions indivises de biens immeubles acquises par licitation, entre cohéritiers et copropriétaires.

(Loi du 22 frimaire an VII, art. 69, § 7, n° 4)

2° Les retours de partages de biens immeubles.

(Loi du 22 frimaire an VII, art. 69, § 7, n° 5).

3° Les retours et soultes, dans les donations portant partage, faites par acte entre vifs ou testamentaires, par les père et mère ou autres ascendants, à leurs descendants, dans le cas prévu par les articles 1075, 1076 du Code Napoléon.

(Loi du 18 mai 1850, art. 5).

4° Les donations en ligne directe d'immeubles, par actes autres que les contrats de mariage, et les partages énoncés dans le numéro précédent, y compris le droit de transcription.

(Loi du 22 frimaire an VII, art. 69, § 6, n° 2.
— Loi du 28 avril 1816, art. 54).

5° Les baux d'immeubles à vie et ceux dont la durée est illimitée (lorsqu'ils ne sont pas de nature à être transcrits).

(Loi du 22 frimaire an VII, art. 69, § 7, n° 2).

6° Les concessions perpétuelles et trentenaires de terrains dans les cimetières.

(Décision du 12 mai 1846; Inst. 1757).

§ XV. — *Quatre francs cinquante centimes par cent francs (y compris le droit de transcription.)*

1° Les donations d'immeubles entre époux hors con-trat de mariage.

(Loi du 28 avril 1816, art. 53, 54).

2° Les donations entre vifs de biens meubles et im-meubles, entre frères et sœurs, oncles et tantes, neveux et nièces, par contrat de mariage.

(Loi du 21 avril 1832, art. 33. — Loi du 18 mai 1850, art. 10).

§ XVI. — *Cinq francs par cent francs (y compris le droit de transcription.)*

Les donations entre vifs, par contrat de mariage, de biens meubles et immeubles, entre grands-oncles, grand'tantes, petits-neveux, petites-nièces, cousins germains.

(Loi du 21 avril 1832, art. 33. — Loi du 18 mai 1850, art. 10).

§ XVII. — *Cinq francs cinquante centimes par cent francs (y compris le droit de transcription.)*

1° Les adjudications, ventes, reventes, cessions, ré-trocessions et tous autres actes civils et judiciaires, translatifs de propriété ou d'usufruit, de biens im-meubles à titre onéreux.

Les adjudications à la folle enchère de biens de même nature sont assujetties aux mêmes droits, mais seulement sur ce qui excède le prix de la précédente adjudication si le droit en a été acquitté.

(Loi du 22 frimaire an VII, art. 69, § 7, n° 4.
Loi du 18 avril 1816, art. 52).

2° Les déclarations de command ou d'ami, par suite d'adjudications ou de ventes de biens immeubles, autres que celle des domaines nationaux, si la déclaration est faite après les vingt-quatre heures de l'adjudication ou du contrat, ou lorsque la faculté d'élire un command n'y a pas été réservée.

(Loi du 22 frimaire an VII, art. 69, § 7, n° 3.
Loi du 18 avril 1816, art. 52).

3° Les retours d'échanges.

(Loi du 22 frimaire an VII, art. 69, § 7, n° 5.
Loi du 18 avril 1816, art. 52).

4° Les retraits exercés après l'expiration des délais convenus par les contrats de vente sous faculté de réméré.

(Loi du 22 frimaire an VII, art. 69, § 7, n° 6.
Loi du 18 avril 1816, art. 52).

5° Les donations entre vifs, par contrat de mariage, de biens meubles et immeubles, entre parents au delà du quatrième degré et jusqu'au douzième.

(Loi du 21 avril 1832, art. 33. — Loi du 18
mai 1850, art. 10).

8.

§ XVIII. — *Six francs par cent francs.*

Les donations entre vifs, par contrat de mariage, entre personnes non parentes, de biens, meubles et immeubles, y compris, pour ces derniers, le droit de transcription.

(Loi du 24 avril 1832, art. 33. — Loi du 18 mai 1850, art. 10).

§ XIX. — *Six francs cinquante centimes par cent francs.*

Les donations entre vifs, hors contrat de mariage, entre frères et sœurs, oncles et tantes, neveux et nièces, de biens meubles et immeubles, y compris, pour ces derniers, le droit de transcription.

Et les mutations par décès de biens de toute nature entre les mêmes.

(Loi du 24 avril 1832, art. 33. — Loi du 18 mai 1850, art. 10).

§ XX. — *Sept francs par cent francs.*

Les donations entre vifs, hors contrat de mariage, entre grands-oncles, grand'tantes, petits-neveux, petites-nièces et cousins germains, de biens meubles et immeubles, y compris, pour ces derniers, le droit de transcription ;

Et les mutations par décès de biens de toute nature entre les mêmes.

(Loi du 21 avril 1832, art. 33. — Loi du 18 mai 1850, art. 10).

§ XXI. — *Huit francs par cent francs.*

Les donations entre vifs, hors contrat de mariage, entre parents au delà du quatrième degré et jusqu'au douzième, de biens meubles et immeubles, y compris, pour ces derniers, le droit de transcription ;

Et les mutations par décès de biens de toute nature entre les mêmes.

(Loi du 21 avril 1832, art. 33. — Loi du 18 mai 1850, art. 10).

§ XXII. — *Neuf francs par cent francs.*

Les donations entre vifs, hors contrat de mariage, entre personnes non parentes, de biens meubles et immeubles, y compris, pour ces derniers, le droit de transcription ;

Et les mutations, par décès, de biens de toute nature entre les mêmes.

(Loi du 21 avril 1832, art. 33. — Loi du 18 18 mai 1850, art. 10).

Lorsque l'époux survivant ou les enfants naturels sont appelés à la succession, à défaut de parents au degré successible, ils seront considérés, quant à la quotité des droits, comme personnes non parentes.

(Loi du 28 avril 1816, art. 53).

§ XXIII. — *Vingt francs par cent francs.*

1° Les quittances des droits de sceau perçu par le conseil du sceau des titres.

Le droit est liquidé sur le montant du droit de sceau.

(Loi du 28 avril 1816, art. 55 — Loi du 21 avril 1832, art. 1. — Loi du 20 juillet 1837, art. 12. — Loi du 7 août 1850, art. 17).

2° Les ordonnances portant création de charges ou offices ou nomination de nouveaux titulaires sans présentation, par suite de destitution ou par tout autre motif, lorsque les titulaires ne sont point assujettis à payer une somme déterminée pour la valeur de l'office.

Le droit est perçu sur le montant du cautionnement et doit être payé avant la prestation de serment sous peine du double droit.

(Loi du 25 juin 1841, art. 13).

TITRE XI

*Des actes qui doivent être enregistrés en débet ou gratis,
et de ceux qui sont exempts de cette formalité.*

88. — Seront soumis à la formalité de l'enregistrement, et enregistrés en débet ou gratis, ou exempts de cette formalité, les actes ci-après, savoir :

§ I. — *A enregistrer en débet.*

1° Les actes et procès-verbaux des huissiers, gendarmes, préposés, gardes-champêtres ou forestiers (autres que ceux des particuliers), et généralement tous actes et procès-verbaux concernant la police ordinaire et qui ont pour objet la poursuite et la répression des délits et contraventions aux réglements généraux de police et d'impositions, lorsqu'il n'y aura pas de partie civile poursuivante.

(Loi du 25 mars 1817, art. 74 ; Inst. 386, n° 3 ;
400, n° 2 ; 726, 728, 1102, 1953).

2° Les actes et jugements qui interviennent sur ces procès-verbaux.

Il y aura lieu de suivre la rentrée des droits d'enregistrement de ces actes, procès-verbaux et jugements, contre les parties condamnées, d'après les extraits de jugement qui seront fournis aux préposés par les greffiers.

(Loi du 22 frimaire an VII, art. 70, § 1, n° 5).

3° Les déclarations d'appel de tous jugements rendus en matière de police correctionnelle, lorsque l'appelant sera emprisonné.

(Loi du 25 mars 1817, art. 74).

4° Les actes de procédure, faits à la requête d'une partie qui a obtenu l'assistance judiciaire, et les actes et titres produits par elle pour justifier de ses droits et qualités.

Le recouvrement aura lieu sur la partie condamnée d'après l'extrait du jugement de condamnation ou l'exécutoire, que le greffier sera tenu de remettre dans le mois, à peine de dix francs d'amende.

(Loi du 22 janvier 1851, art. 14 et 20).

5° Les actes de procédure, jugements et actes d'exécution devant les conseils des prud'hommes.

Le recouvrement en sera fait sur les parties condamnées.

(Loi des 14 juin, 2 juillet et 7 août 1850).

Le bénéfice de cette faveur est applicable : 1° à toutes les causes qui sont de la compétence des prud'hommes, et dont les juges de paix sont saisis dans les lieux où ces conseils ne sont pas établis; 2° à toutes demandes portées devant les juges de paix relatives aux engagements et salaires des gens de travail, ouvriers, apprentis et domestiques, aux pensions alimentaires et au paiement des nourrices.

(Loi du 22 janvier 1851, art. 27).

6° Les actes concernant l'administration, la conservation et l'exploitation des forêts de l'Etat et autres bois soumis au régime forestier, notamment :

Les significations d'arrêtés des préfets relatifs à la délimitation des bois de l'Etat, des communes et des établissements publics.

(Décis. Min. fin., 7 novembre 1828. — 18 mai
1829. — Inst. 1265, § 1, — 1294, § 5).

Les procès-verbaux de délimitation de bois soumis au régime forestier.

(Décis. min. fin., 7 janvier 1853.— Inst. 1960,
§ 6).

Les procès-verbaux de délivrance de harts et autres menus produits dans les forêts de l'Etat.

' (Décis. min. fin., 4 juillet 1825 et 22 juillet
1838. — Inst. 1169 et 1566).

Les procès-verbaux d'arpentage, balivage, martelage, réarpentage, récolement, assignations au récolement et autres qui précèdent ou suivent les adjudications.

(Décis. min. fin., 19 germinal an XIII, 12
juillet 1822, 6 juillet 1835, et 4 juillet 1836;
Inst. 281, 475, 1050, n° 2; 1496, 1522).

Les procès-verbaux de bris de réserves.

(Décis. min. fin., 4 décembre 1845. — Inst.
1755, § 13).

Les ordonnances sur requête rendues par les juges de paix en matière purement forestière.

(Instruction 436, n° 48).

Les rapports d'experts relatifs aux cantonnements en remplacement des droits d'usage dans les forêts de l'Etat;

(Décis. min. fin., 4 mars 1830. — Inst. 1309, § 6).

Les marchés passés pour l'exécution des travaux d'amélioration dans les forêts domaniales.

(Décis. min. fin., 27 mars 1855, — 1er décembre 1856; Inst. 2031, 2089).

Et généralement tous actes tendant à la répression des délits dans les bois soumis au régime forestier, jusques y compris la signification des jugements par défaut.

(Code forestier, art. 170. — Loi du 25 mars 1817, art. 74. — Décis. min. fin., 5 germinal an XIII. — 8 mai 1810; 13 octobre 1829; 15 avril 1830).

7° Les actes faits d'office par les juges de paix pour tutelles, appositions et levées de scellés après l'ouverture de successions échues à des héritiers absents et non représentés ou à des mineurs, et ceux portant nomination de tuteurs à des condamnés en état d'interdiction légale.

(Décis. 20 fructidor an X. — 1 prairial an XIII et 28 juin 1808. — Inst. 290, § 3, — 390, § I. — Décis. 27 décembre 1852; Inst. 1960, § I).

8° Les procès-verbaux de dissolution d'union des

créanciers d'un failli et les actes qui en sont le préli-
minaire, lorsque la faillite ne présente aucun actif.

(Décis. Min. justice et fin., 21 octobre 1845.
Inst. 1755, § 8. — Décis. Min. fin., 9 janvier
1856; Inst. 2062, § 4).

9° Les procès-verbaux des gardes du génie constatant des contraventions aux servitudes imposées à la
propriété autour des fortifications, et au décret du
16 août 1853 sur les attributions de la commission
mixte des travaux publics et la délimitation de la zône
frontière.

(Décret du 10 août 1853 et du 16 août 1853.
Inst. 1994 et 2007).

§ 2. — *A enregistrer gratis.*

1° Les acquisitions et échanges faits par l'Etat; les
partages de biens entre l'Etat et les particuliers, et tous
autres actes faits à ce sujet.

(Loi du 22 frimaire an VII, art. 70, § 2, n° 1.)

2° Les actes de poursuite et tous autres actes, tant
en action qu'en défense, ayant pour objet soit le recouvrement des contributions publiques dues à l'Etat,
ainsi que des contributions locales, soit le recouvrement des sommes dues pour mois de nourrices; le
tout lorsqu'il s'agira de cotes, droits et créances non
excédant au total la somme de cent francs.

(Loi du 16 juin 1824, art. 6).

3° Les actes des huissiers et gendarmes relatifs à l'instruction, et généralement tous ceux qui ont pour objet la police générale et de sûreté et la vindicte publique. (Affaires criminelles.)

(Loi du 22 frimaire an VII, art. 70, § 2, n° 3.
—Décis. Min. fin., 29 décembre 1852; Inst.
1953).

4° Les plans, procès-verbaux, certificats, significations, jugements, contrats, quittances, et autres actes faits en vertu de la loi du 3 mai 1841 sur l'expropriation pour cause d'utilité publique.

(Loi du 3 mai 1841, art. 58).

5° Les actes de notoriété, de consentement, les délibérations de conseil de famille, les certificats de libération du service militaire, les dispenses pour cause de parenté, d'alliance, d'âge, les actes de reconnaissance des enfants naturels, les actes de procédure, les jugements et arrêts dont la production sera nécessaire pour le mariage des indigents, la légitimation de leurs enfants naturels et le retrait de ces enfants déposés dans les hospices.

Seront admises au bénéfice de cette disposition les personnes qui justifieront d'un certificat d'indigence à elles délivré par le commissaire de police, ou par le maire dans les communes où il n'existe pas de commissaire de police, sur le vu d'un extrait du rôle des contributions constatant que les parties intéressées payent moins de dix francs, ou d'un certificat du percepteur de leur commune portant qu'elles ne sont pas imposées.

Le certificat d'indigence sera visé et approuvé par le

juge de paix du canton : il sera fait mention dans le visa de l'extrait des rôles ou du certificat négatif du percepteur.

Le certificat sera délivré en plusieurs originaux, lorsqu'il devra être produit à plusieurs bureaux d'enregistrement. Il sera remis au bureau de l'enregistrement où les actes, extraits, copies ou expéditions devront être visés pour timbre et enregistrés gratis. Le receveur en fera mention dans le visa pour timbre et dans la relation de l'enregistrement.

Néanmoins, les réquisitions des procureurs impériaux tiendront lieu des originaux ci-dessus prescrits, pourvu qu'elles mentionnent le dépôt du certificat d'indigence à leur parquet.

Les actes, extraits, copies ou expéditions ainsi délivrés, mentionneront expressément qu'ils sont destinés à servir à la célébration d'un mariage entre indigents, à la légitimation ou au retrait de leurs enfants naturels déposés dans les hospices.

Ils ne pourront servir à autres fins, sous peine de vingt-cinq francs d'amende, outre le paiement des droits, contre ceux qui en auront fait usage, ou qui les auront indûment délivrés ou reçus.

(Loi du 10 décembre 1850, art. 4, 6, 7, 8).

6° Les actes de procédure et les jugements à la requête du ministère public, ayant pour objet : 1° de réparer les omissions et faire les rectifications sur les registres de l'état civil, d'actes qui intéressent des individus notoirement indigents ; 2° de remplacer les registres de l'état civil perdus ou incendiés par les événements de la guerre, et de suppléer aux registres qui n'auraient pas été tenus.

(Loi du 25 mars 1817, art. 75).

7° Les actes judiciaires en matière électorale.

(Loi du 15 mars 1849, art. 18).

8° Tous actes de poursuite devant les conseils de discipline, tous jugements, recours et arrêts rendus en vertu de la loi sur la garde nationale.

(Loi du 22 mars 1831, art. 121. — Loi du 13 juin 1850, art. 106).

9° Les quittances notariées délivrées à l'Etat par des créanciers illettrés.

(Décis. Min. fin., 27 avril 1858; Inst. 2123, § 3).

10° Les actes et jugements des prud'hommes, les arrêts sur appel ou pourvoi lorsque l'objet n'excède pas vingt-cinq francs.

(Décis. 30 août 1847; Inst. 1796, § 11).

11° Les actes relatifs à l'indemnité accordée aux colons par suite de l'affranchissement des esclaves.

(Loi du 30 avril 1849, art. 11).

12° Les actes contenant constitution d'associations d'ouvriers et les actes de prêt par l'Etat à ces associations.

(Loi du 15 novembre 1848).

13° Les avis de parents qui autorisent un mineur à s'engager.

(Décis. 6 novembre 1832; Inst. 1422, § 3).

14° Les quittances et décharges au profit de la caisse

des dépôts et consignations ne contenant pas de dispositions étrangères à cette caisse.

(Décis. 4 août 1836. — 14 août 1843; Inst. 1519, 1712).

15° Les actes de société pour l'établissement des comptoirs d'escompte.

(Décret du 8 mars 1848).

16°. Les inventaires en matière de douane pour suppléer au livre-journal des détenteurs de tissus français ou de cotons filés.

(Loi du 21 avril 1818, art. 41).

17° Les procès-verbaux de délivrance en nature aux usagers et les permis d'exploiter.

(Déc. 4 juin 1838. — Inst. 1577, § 16, 1685).

18° Les procès-verbaux d'expertise des bois à aliéner, fonds et superficie.

(Ordonnance, 10 décembre 1817; Inst. 819. — Décis. 27 mai 1831; Inst. 1361).

19° Les prestations de serment des inspecteurs chargés de la surveillance du travail des enfants dans les manufactures.

(Décis. 15 octobre 1841; Inst. 1650).

20° Les actes de procédure et jugements à la requête du ministère public, ayant pour objet la rectification d'actes de mariage qui ne font pas connaître s'il a été fait un contrat de mariage ou qui renferment des énonciations inexactes à cet égard.

(Loi du 10 juillet 1850. — Code Napoléon, art. 76; Inst. 1872).

21° Les actes et jugements relatifs à la navigation du Rhin.

(Loi du 21 avril 1832, art. 2).

22° Les actes relatifs aux réglements sur les pêcheries entre la France et l'Angleterre.

(Décis. 15 janvier 1847; Inst. 1776).

23° Les marchés pour l'habillement des gardes nationaux.

(Décret du 24 mars 1848).

§. III — *Actes exempts de la formalité de l'enregistrement.*

1° Les actes des corps législatifs et ceux du gouvernement.

(Loi du 22 frimaire an VII, art. 70, § 3, n° 1).

2° Les actes d'administration publique autres que ceux énoncés dans l'art. 28, n° 5.

(Loi du 22 frimaire an VII, art. 70, § 3, n° 2).

3° Les inscriptions sur le grand livre de la dette publique, les quittances des intérêts qui en sont payés et tous effets de la dette publique, inscrits ou à inscrire définitivement.

(Loi du 22 frimaire an VII, art. 70, § 3, n° 3.
— Loi du 18 mai 1850, art. 7).

4° Les rescriptions, mandats et ordonnances de paiement sur les caisses de l'Etat et des administrations et établissements publics, leurs endossements et acquits.

(Loi du 22 frimaire an VII, art 70, § 3, n° 4.
— Loi du 15 mai 1818, art. 80).

5° Les quittances de contributions, droits, créances

et revenus payés à l'Etat; celles pour charges locales, et celles des fonctionnaires et employés salariés par l'Etat pour leurs traitements et émoluments.

(Loi du 22 frimaire an VII, art. 70, § 3, n° 5).

6° Les ordonnances de décharge ou de réduction, remise ou modération d'impositions, les quittances y relatives, les rôles et extraits de rôles.

(Loi du 22 frimaire an VII, art. 70, § 3, n° 6).

7° Les récépissés délivrés aux receveurs de deniers publics et de contributions locales, et les comptes de recettes ou gestions publiques.

(Loi du 22 frimaire an VII, art. 70, § 3, n° 7).

8° Les actes de naissance, décès, mariage, reçus par les officiers de l'état civil et les extraits qui en sont délivrés.

(Loi du 22 frimaire an VII, art. 70, § 3, n° 8).

9° Tous les actes et procès-verbaux (autres que ceux des huissiers et gendarmes) et jugements concernant la police générale et de sûreté et la vindicte publique.

(Loi du 22 frimaire an VII, art. 70, § 3, n° 9).

10° Les cédules pour appeler au bureau de conciliation, sauf le droit de la signification.

(Loi du 22 frimaire an VII, art. 70, § 3, n° 10).

11° Les légalisations de signatures d'officiers publics.

(Loi du 22 frimaire an VII, art. 70, § 3, n° 11).

12° Les affirmations de procès-verbaux des employés, gardes et agents salariés par l'Etat, faits dans l'exercice de leurs fonctions.

(Loi du 22 frimaire an VII, art 70, § 3, n° 12).

13º Les engagements, enrôlements, congés, certificats, cartouches, passeports, quittances de prêt et fournitures, billets d'étape, de subsistance et de logement, tant pour le service de terre que pour le service de mer, et tous autres actes de l'une et l'autre administration, non compris dans les articles précédents;

Les rôles d'équipage et les engagements de matelots et gens de mer de la marine marchande et des armements en course.

(Loi du 22 frimaire an VII, art. 70, § 3, nº 13).

14º Les passeports délivrés par l'administration publique.

(Loi du 22 frimaire an VII, art. 70, § 3, nº 14).

15º Les endossements et acquits des billets à ordre et autres effets négociables et l'aval sous seing privé donné sur ces effets.

(Loi du 22 frimaire an VII, art. 70, § 3, nº 15.
— Décis. Min. fin., 7 août 1810; Inst. 488.
— Délibérations 19 novembre et 21 décembre 1830; 21 janvier 1834; 20 mars 1835.
— Loi du 28 avril 1816, art. 50).

16º Les prestations de serment des médecins délégués pour constater l'état d'invalidité ou les infirmités des employés.

(Décret du 9 novembre 1853, art. 30-35. — Décision min. fin., 2 février 1854; Inst. 1990).

17º Les certificats de propriété relatifs à des sommes dues par l'Etat à titre de pension, rémunération ou secours.

(Décision 30 mars 1848. — Circ. Comptabilité 22 août 1857; 629, 99, § 2).

18º Les lettres de convocation par les greffiers des

créanciers inscrits pour se régler amiablement et le bulletin de chargement délivré par l'administration des postes.

(Décis Min. fin. et justice, 27 avril et 22 mai 1858 ; Inst. 2123, § 2).

19° Les jugements portant renvoi d'office, et remise lorsqu'elle n'a pas pour objet une production de pièces ou de preuves ordonnées, ceux portant délibéré et ceux qui ordonnent radiation du rôle.

(Décis. 15 octobre 1816. — 10 mars 1819. — 28 novembre 1821 ; Inst. 1012, § 2. — 27 février 1822 ; Inst. 1026. — 26 février 1826 ; Inst. 1189, § 3 ; Inst. 436, § 12. — Décision min. fin., 30 avril 1823 ; Inst. 1080).

20° Les actes sous signature privée qui ont pour objet la liquidation de la dette publique, pour les opérations de cette liquidation.

(Décis. 2 vendémiaire et 9 frimaire an XI ; Inst. 290, § 6).

21° Les mentions de non comparution en conciliation devant les juges de paix.

(Décis. 7 juin 1808 ; Inst. 390, n° 9).

22° Les cautionnements pour la pêche du hareng.

(Décis. 14 mai 1844 ; Inst. 1713, § I).

23° Les certificats de vie pour toucher des rentes ou pensions sur l'Etat, sur la liste civile, et les tontines dont les fonds sont employés en achat de rentes sur l'Etat.

(Décisions min. fin., 21 août 1806 ; 17 février 1817 ; 1er août 1821 ; 8 février 1822 ; 27 août 1822 ; 15 janvier 1823 ; 29 août 1842 ; 13 novembre 1847 ; 30 mars 1848).

9.

24° Les procès-verbaux de cote et paraphe des registres de l'état civil, des conservateurs des hypothèques et autres qui intéressent l'ordre public.

(Décis. Min. fin., 16 décembre 1816. — 3 septembre 1817 ; Inst. 758).

25° Les déclarations de changement de domicile en exécution de l'article 104 du Code Napoléon.

(Décis. 5 mai 1812; Inst. 579).

26° Les états et certificats délivrés par les conservateurs des hypothèques.

(Décis. 21 mars 1809 ; Inst. 433, n° 5).

27° Les procès-verbaux de vérification de régie des employés de l'enregistrement.

(Décis. 22 août 1821 ; Inst. 992).

28° Les procès-verbaux de visite de navires destinés au petit cabotage et les rapports à l'arrivée.

(Décis. 13 décembre 1828; Inst. 1272, § 12).

29° Les quittances de fournisseurs, ouvriers, maîtres de pensions, et autres de même nature produites comme pièces justificatives d'un compte-rendu en justice.

(Code de procédure civile, art. 537).

30° Les prestations de serment des juges et magistrats du parquet, des gendarmes et officiers de police judiciaire, et celles dont le caractère est purement politique.

(Décis. 28 ventôse, 8 germinal, 28 floréal, 19 plairial an X. — 21 septembre 1821 ; Inst. 290, § 43-56 ; 995).

31° Le recours contre les arrêtés des conseils de préfecture en matière de contributions.

(Loi du 21 avril 1832, art. 30).

32º Les certificats, actes de notoriété et autres pièces exclusivement relatives à la loi sur la caisse de retraites pour la vieillesse.

(Loi du 18 juin 1850, art. 11).

33º Tous les actes intéressant les sociétés de secours mutuels.

(Loi du 15 juillet 1850, art. 9).

TITRE XII

Dispositions générales.

89. — Il sera perçu un décime par franc en sus des droits d'enregistrement.

(Loi du 6 prairial an VII, art. 1er)

TABLE ALPHABÉTIQUE

DE LA

REFONTE GÉNÉRALE

TABLE ALPHABÉTIQUE

DE LA

REFONTE GÉNÉRALE

—

A

Abandonnement de biens, 86 § 8, n° 1, 87 § 6, n° 1.

Absent, 34, 35, 78, n° 3.

Abstention de communauté, legs ou succession, 86 § 5, n° 37, § 6, n° 11, § 8, n° 9.

Acceptation de communauté, legs ou succession, 86 § 5, n° 37, § 6, n° 11, § 8, n° 9.

— de transport ou délégation, 86 § 5, n° 38.

Acceptilation V. Quittance.

Acquiescement, 86 § 5, n° 1 , § 6, n. 11, § 8, n° 9.

Acquisition par l'Etat, 88 § 2, n° 1.

Acte administatif, 28, n° 5, 37, 47, 48.

— civil, 9, 13, 62, 73, 86, § 5, n° 63.

— conditionnel de prêt, 86 § 5, n° 40.

Adjudication au rabais et marchés, 19, n° 4, 28, n° 5,
48, 58, 86, § 5, n° 39, 42, 43, 58, 87,
§ 6, n° 3, 88 § 1, n° 6.

—   judiciaire annulé, 78, n° 4.

Administrations centrales et municipales, 28, n° 5,
37, 40, 64, 86 § 5, n° 39, 87 § 6, n° 3, 88 § 3,
n° 2, 4.

Adoption, 86 § 5 n° 45, § 12 n° 2, § 13.

Affirmation, 88 § 3, n° 12.

—   de créances, 86 § 6, n° 11, n° 15, § 8,
n° 9.

—   de voyage, 86, § 6, n° 11, § 8, n° 9.

Affranchissement des esclaves, 86, § 3, n° 18, § 5,
n° 46, 88 § 2, n° 11.

Agents des douanes, 37, 86 § 6, n° 9.

— forestiers, V. Gardes.

— voyers, 86 § 6, n° 9.

Amendes de contravention 44, 45, 48, 57, 59, 61, 62,
66, 68, 69, 71, 72, 74, 79, n° 1.

Amortissement, V. Quittances.

Antichrèses, 87 § 9, n° 4.

Appel, 86, § 8, n° 2, § 9, n° 1, 88 § 1, n° 3.

Apprentis, 88, § 1, n° 5.

Apprentissage, 86 § 3, n° 1.

Arbitres, 40, 64, 86 § 6, n° 2, n° 11, § 8, n° 8, § 9,
n° 2.

Armements en course, 86 § 5, n° 50.

Arpentage, 28, n° 5, 88 § 1, n° 6.

Arpenteurs, 88 § 5, n° 22.

B

Commissaires de police, V. Procès-verbaux, Police, Officiers de police.

  —   priseurs, 28, n° 2, 66, 67, 68, 69, 70.

Communication, 69, 71, 75, 86 § 6, n° 11, § 8, n° 9.

Compromis, 86 § 6, n° 2.

Comptes de gestion, 88 § 3, n° 7.

  — de tutelle, 86 § 5, n° 51.

Comptoirs d'escompte, 86 § 5, n° 41, 88, § 2, n° 15.

Concession de terrain en Algérie, 86 § 3, n° 12.

Concordat, 86 § 6, n° 14.

Condamnation, 19, n° 11, 87 § 5, n° 3.

Condamné, 34.

Conducteur des ponts et chaussées, 86 § 6, n° 9.

Congé, 88 § 3, n° 13.

Connaissement, 86 § 6, n° 6.

Conseil de discipline, V. Garde nationale.

  — d'Etat, 86 § 6, n° 13, § 8, n° 3, § 9, n° 4, § 11, n° 1 et 3.

  — de Préfecture, V. Administration, Contribution.

Consentement, 86 § 5, n° 10.

Conservateur des hypothèques, 86 § 5, n° 49, 88 § 3, n° 24, 26.

Construction de navires, 86 § 5, n° 58.

Contraintes, 82.

Contrat de mariage, 86 § 8, n° 4.

Contre-lettre, 56.

Contributions, 8, 86 § 3, n° 3, 88 § 2, n° 2, § 3, n° 5, 6, 34.

D

E

H

I

J

L

M

N

Nomination de curateurs, V. Curateurs.

— d'experts, V. Experts.

— de tuteurs, V. Tuteurs.

Notaires, 29, 37, 40, 44, 57, 58, 60, 61, 62, 66, 68, 69, 70, 86 § 10, n° 2; 28 n°s 3-4.

Notices de décès, 72.

Notoriété, 86 § 3, n° 12; § 5 n° 2; 88 § 2, n° 5.

Nourrices, 86 § 3, n° 3; 88 § 1, n° 5; § 2, n° 2.

Nullité, 45, 56.

O

Obligation, 19 n° 2; 87 § 6, n° 4.

— à la grosse aventure, 87 § 5, n° 4.

Octroi, 86 § 6, n° 9.

Offices, 53, 54, 55, 78 n° 5, 87 § 9, n° 9; § 23, n° 2.

Officiers de police, 88 § 3, n° 30.

Omission, 50, 79 n° 1.

Opposition, 86 § 3, n° 5; § 6 n° 11; § 8 n° 9.

Ordonnance, 40, 86 § 3, n° 5; § 6, n° 11; § 8, n° 9; 88 § 1, n° 6.

Ordonnance de décharge d'impôts, 88 § 3, n° 6.

Ordre amiable, 88 § 3, n° 18.

Ouverture de crédit, 86 § 5, n° 53.

Ouvriers, 88 § 1, n° 5.

P

Paiement des droits, 39.

Q

R

Répertoire, 66, 67, 68, 69, 70.

Reprise d'instance, 86 § 6, n° 11 ; § 8, n° 9.

Réserve d'usufruit, 20 n° 6.

Résiliement dans les 24 heures, 86 § 5, n° 27.

Résolution de vente, 86 § 6, n° 12.

Restitution, 77, 78, 79, n° 1.

Retour d'échange, de partage, V. Soulte.

Rétractation, 86 § 5, n° 28.

Retrait d'enfants, V. Enfants naturels.

— de réméré, 87 § 5, n° 5 ; § 17, n° 4.

Rétrocession de créances, V. Transport.

— de meubles ou d'immeubles, V. Vente.

Réunion d'usufruit à la nue-propriété, 20 n°s 6-7 ; 86 § 6, n° 4 ; 87 § 8, n° 2.

Rôles, 88 § 3, n° 6.

— d'équipage, 88 § 3, n° 13.

Roulage, 28 n° 1.

S

Saisie, 86 § 5, n° 17.

Sceau, 87 § 23, n° 1.

Scellés, 86 § 5, n° 33 ; § 7, n° 2 ; 88 § 1, n° 7.

Secrétaires, 37, 40, 47, 48, 57, 58, 59, 66, 67, 68, 69, 70.

Séparation de biens, 86 § 10, n° 1.

— de corps, 86 § 11, n° 2.

Séquestres, 14, 34, 86 § 5, n° 22.

T

Témoins, 14.

Testaments, 29; 40, 49, 61, 71, 86 § 8, n° 7; 87 § 8,
n° 2.

Tissus et cotons filés, v. Inventaire.

Titre non enregistré, 65; 78, n° 1; 87 § 5, n° 3.

— nouvel, 86 § 6, n° 5.

Titulaires de cautionnement, v. Bailleur de fonds.

Traité, 19, n° 4.

— v. Acte de commerce, Marché.

Traitements, 88 § 3, n° 5.

Transaction, 86 § 6, n° 8; 87 § 6, n° 4.

— douanes, 86 § 3, n° 14.

Transcription, v. Actes sujets à

Transmission, v. Cession, Donation, Succession,
Vente.

Transmissions immobilières effectuées sans acte, 18,
31.

Transports, v. Cessions.

Travail dans les forêts, 88 § 1, n° 6.

— dans les prisons, 86 § 5, n° 42.

— des enfants, 88 § 2, n° 19.

Tutelle d'office, 88 § 1, n° 7.

— officieuse, 86 § 12, n° 1.

Tuteurs, 38, 50; 86 § 7, n° 1; 88 § 1, n° 7.

Tribunaux civils, 86 § 6, n° 11; § 2, n° 1; § 8, n° 8;
§ 9, n° 2; § 12, n° 2.

Tribunaux de commerce, 86 § 6, no 11 ; § 8, no 8,
  § 9, no 2.
Triple droit, 56

U

Union de créanciers, 88 § 1, no 8.
Usagers, 88 § 1, no 6 ; § 2, no 17.
Usufruit, 19 no 12 ; 20 nos 6-8.
Utilité publique, v. Expropriation.

V

Validité de congé, 86 § 5, no 35.
Vente après faillite, 87 § 5, no 7.
  — de marchandises en gros, 87 § 1, no 2.
  — de marchandises neuves, 87 § 5, no 7.
  — de meubles, 19 no 5 ; 87 § 9, no 1.
  — de meubles et d'immeubles par le même acte,
    11.
  — de navires, v. Bris de navires, 86 § 5, no 58.
  — de récoltes, v. Vente de meubles.
  — d'immeubles, 20 no 6 ; 87 § 17, no 1.
  — d'immeubles de l'Etat, 87 § 9, no 8.
  — publique de meubles, 28 no 2, 37, 45, 87 § 9,
    no 1.
Vérificateurs des poids et mesures, 28 no 4 ; 37.

W

TABLEAU DE CONCORDANCE

TABLEAU DE CONCORDANCE

*Indiquant les numéros de la refonte générale sous les quels sont
cités les articles des principales lois, décrets, ordonnances,
qu'elle comprend et ceux des instructions de l'administration
de l'enregistrement qui y sont relatives.*

DATE des Lois, Décrets, Ordonnances.	ARTICLES.	NUMÉROS de la Refonte.	NUMÉROS des Instructions.
Loi du 26 vendém. an VI.	14	87 § 9	61.
Loi du 22 frimaire an VII.	2	1	
	3	2	
	4	3	1166 § 6, 1683 § 3, 1710 § 4, 1825 § 9, § 10, 1837 § 2, § 8, § 10, § 11, § 13, 1844 § 3, § 7, § 8, 1857 § 4, 1912 § 4, 1986 § 1, § 8, § 9, 2003 § 2, § 3, 2015 § 2, § 7, 2060 § 1, 2114 § 2, 2118 § 1, 2142 § 7, 2150 § 1, § 2, 2160 § 8, 2163 § 5.
	5	4	
	7	9	429 n° 1.
	8	10	1132 § 1, 1293 § 2, 1354 § 8, 1422 § 4.

DATE des Lois, Décrets, Ordonnances.	ARTICLES.	NUMÉROS de la Refonte.	NUMÉROS des Instructions.
Loi du 22 frimaire an VII.	9	11	1200 § 18, 1320 § 10, 1437 § 15, 1693 § 5, 1767 § 13, 1796 § 5, 1857 § 2, 1926 § 15, 2054 § 1, 2118 § 1, 2160 § 5, § 8.
	10	12	1481 § 12, 1786 § 2, 1837 § 4, 2118 § 8.
	11	13	1187 § 10, 1562 § 24, 1577 § 2, 1590 § 12, 1618 § 7, 1709, 1743, § 13, 1814 § 4, § 16. 1844, § 2, 1900 § 4, 1929 § 3, 1967 § 3, 1986 § 3, § 8, 2054, § 10, 2078 § 2, 2114 § 2, 2118 § 8, 2160 § 6.
	12	18	1132 § 9, 1166 § 10, 1173 § 8, § 9, 1180 § 6, 1187 § 7, § 9, 1189 § 7, 1200 § 13, § 16, 1229 § 5, 1303 § 10, 1347 § 6, 1401 § 5, 1422 § 9, § 10, 1437 § 12, 1446 § 7, 1451 § 6, 1458 § 7, § 8, 1473 § 5, 1513 § 4, § 5, 1528 § 12, 1577 § 11, 1601 § 5, 1634 § 7, § 8, § 9, 1643 § 6, 1668 § 3, 1675 § 6, 1683 § 6, 1767 § 9, 1814 § 14, 1837 § 8, 1844 § 10, 1857 § 8, 1875 § 12, 1885 § 10, 1946 § 3, § 4, 1967 § 5, 1986 § 10, 1999 § 7, § 10, 2019 § 2, 2033 § 7, 2042 § 7,, 2060 § 5, 2096 § 10, 118 § 7.

DATE des Lois, Décrets, Ordonnances.	ARTICLES.	NUMÉROS de la Refonte.	NUMÉROS des Instructions.
Loi du 22 frimaire an VII.	14 n° 1	19 n° 1	1683 § 5.
	—n° 2	— n° 2	1307 § 1, 1467 § 6.
	—n° 3	— n° 3	390 § 11, 1481 § 12, 2015 § 5.
	—n° 4	— n° 4	1900 § 7.
	—n° 5	— n° 5	253, 1986 § 14.
	—n° 6	— n° 6	1560 § 13.
	—n° 7	— n° 7	1307 § 1.
	—n° 8	— n° 9	747, 809, 1683 § 4, 1767 § 8, 1857 § 5, 1900 § 8, 2010 § 9, 2025 § 3, 2096 § 6, 2163 § 4.
	—n° 9	— n° 10	386 § 21, 1481 § 13, 1796 § 19.
	—n° 10	— n° 11	1490 § 4, 1732 § 2, 1900 § 6, 2015 § 1.
	—n° 11	— n° 12	2825 § 3. -
	15 n° 1	20 n° 1	
	—n° 2	— n° 2	
	—n° 3	— n° 3	
	—n° 4	— n° 4	1697 § 3, 1814 § 10.
	—n° 5	— n° 5	1796 § 3.

DATE des Lois, Décrets, Ordonnances.	ARTICLES.	NUMÉROS de la Refonte.	NUMÉROS des Instructions.
Loi du 22 frimaire an VII.	15 n° 6	20 n° 6	178, 566, 654, 1173 § 13, 1205 § 14, 1490 § 13, 1504 § 8, 1528 § 17, § 18, § 19, 1562 § 10, 1577 § 17, 1601 § 19, 1668 § 2, 1697 § 7, 1733 § 12, 1743 § 15, § 18, 1796 § 26, 1816, 1883 § 3, 1946 § 7, 1982 § 3, 1999 § 11, 2042 § 1, 2054 § 3, 2118 § 10, 2137 § 12, 2160 § 2, § 3, 2163 § 5.
	— n° 7	— n° 7	178, 432 § 5, 809, 1173 § 13, 1187 § 5, 1437 § 8, 1467 § 7, 1490 § 2, § 7, § 13, 1513 § 2, § 3, 1562 n° 7, 1648 § 5, 1668 § 2, 1710 § 1, 1733 § 12, 1816, 1844 § 9, 1857 § 5, § 7, 1900 § 8, 1920 § 1, 1986 § 7, 2010 § 9, 2054 § 4, 2096 § 9, 2150 § 1.
	— n° 8	— n° 8	386 § 39, 809, 1187 § 5, 1200 § 17, 1481 § 8, 1490 § 13, 1562 § 14, 1683 § 5, 1900 § 3, 1912 § 5, 2054 § 4.
	16	22	566, 1513 § 5, 1528 § 19, 1562 § 14, 1601 § 19, 1857 § 18, 1862, 1900 § 3, § 7, 2033, § 5, 2137 § 8, 2148 § 3, 2160 § 5.

DATE des Lois, Décrets, Ordonnances.	ARTICLES.	NUMÉROS de la Refonte.	NUMÉROS des Instructions.
Loi du 22 frimaire an VII.	17	23	306, 1370 § 4, 1381 § 12, 1451 § 10, 1528 § 17, 19, § 24, 1537, 1562 § 10, 1624, 1630 § 8, 1634 § 20, 1713 § 12, § 13, 1732 § 18, 1786 § 12, 1844 § 22, 1883 § 3, 1960 § 3, 2019 § 5, 2054 § 3, § 4, 2060 § 3, 2137 § 4, 2160 § 2.
	18	24	306, 1200 § 4, 1381 § 12, 1451 § 10, 1490 § 3, 1513 n° 3, 1628 § 24, 1537, 1562 § 10, 1590 § 8, 1624, 1668 § 9, 1710 § 2, 1743 § 23, 1767 § 19, 1837 § 16, 1844 § 22, 1875 § 14, 1920 § 5, 1960 § 3, 2019 § 5, 2054 § 3, § 4, 2060 § 3, 2137 § 4, 2160 § 2.
	19	27	306, 1370 § 4, 1490 § 2, § 7, 1513 n° 2, n° 3, 1528 § 24, 1537, 1539 § 6, 1618 § 5, 1624, 1743, § 12, 1732 § 18, 1743 § 24, 1796 § 10, 1875 § 14, 1883 § 4, § 8, 2054 § 4, 2160 § 2,
	20	28	432 n° 3, 1458 § 8, 1490 § 5, 1498 § 4, 1577 § 6, § 10, 1618 n° 4, 1634 § 5, 1796 § 9, 1967 § 1, 2025 § 2.

DATE des Lois, Décrets, Ordonnances.	ARTICLES.	NUMÉROS de la Refonte.	NUMÉROS des Instructions.
Loi du 22 frimaire an VII.	21	29	359.
	22	30	470, 502, 1473 § 10, 1347 § 1, 1458 § 8, 1528 § 17, 1539 § 40, 1552 § 6, 1604 § 6, § 7, 1703, 1837 § 8, 1854, 1986 § 15, 2019 § 2, § 6, 2077, 2160 § 3, 2163 § 2.
	23	32	502, 1432 § 1, 1456 § 2, 1336 § 11, 1703, 1814 § 3, 1825 § 2, 1844 § 1, § 2, 1854, 1857 § 1, 1875 § 1, 1900 § 1, 1999 § 8, 2019 § 1, 2033 § 1, 2077, 2096, § 4, 2137 § 2. 2142 § 2, 2160 § 1, 2163 § 1.
	24	34	1141, 1307 § 9, 1634 § 5, 1883 § 9, 1986 § 8, 2015 § 2, § 7, 2118 § 6, 2150 § 1.
	25	36	499, 730, 1767 § 2.
	26	37	458 n° 1, 1090, 1313, 1498 § 4, 1618 n° 4, 1634 § 5, 1710 § 3.
	27	38	386 n° 34, 520, 747, 1166 § 7, 1400, 1481 § 8, 1498 § 7, 1513 § 6, 1528 § 10, 1562 § 16, § 19. 1618 n° 4, 1634 § 5, 1649, 1825 § 8, 1883 § 9, 1900 § 8, 1986 § 8, 2015 § 2, 2118 § 6, 2142 § 7, 2163 § 4.

DATE des Lois, Décrets, Ordonnances.	ARTICLES.	NUMÉROS de la Refonte.	NUMÉROS des Instructions.
Loi du 22 frimaire an VII.	28	39	429 n° 1, 1320 § 5, 1423, 1481 § 1, 1528 § 5, § 10. 1590 § 8, 1710 § 4, 1837 § 10, 1844 § 13, 1883 § 9, 1898, 1900 § 8, 2142 § 2.
	29	40	290 n° 4, 386 n° 2, 1229 § 8, 1458 § 7, 1490 § 5, 1498 § 4, 1528 § 5, § 10, 1618 § 4, 1634 § 5, 1796 § 2, 1844 § 12, 1986 § 8, § 12, 2060 § 5, § 6, 2114 § 8, 2137 § 9, 2160 § 3.
	30	41	1458 § 7, 1986 § 12, 2060 § 5, § 6, 2137 § 9, 2160 § 3.
	31	42	1132 § 7, 1528 § 5, 1562 § 23, 1796 § 2, 1825 § 6, 1967 § 6, 1986 § 12, 2123 § 3, 2160 § 3, 2163 § 2.
	32	43	206, 386 n° 34, n° 37, 495 809, 1437 § 9, 1481 § 8, 1498 § 7, 1528 § 10, 1562 § 19, 1618 n° 4, 1634 § 5, 1844 § 12, 1900 § 8, 1986 § 8, 2060 § 5, § 6, 2114 § 8, 2118 § 6.
	33	44	1173 § 1, 1490 § 5, 1498 § 4, 1577 § 6, 1611, 1796 § 9, 2155 § 1.
	34	45	1611.

DATE des Lois, Décrets, Ordonnances.	ARTICLES.	NUMÉROS de la Refonte.	NUMÉROS des Instructions.
Loi du 22 frimaire an VII.	35	46	1611.
	36	47	1611.
	37	48	1562 § 12, 2060 § 5, § 6.
	38	49	470, 1303 § 14, 1347 § 1, 1528 § 17, 1562 § 6, 1604 § 6, § 7. 1611, 1618 § 6, 1851, 1986 § 15, 2019 § 6, 2114 § 2, 2160 § 3.
	39	50	338, 1200 § 4, 1320 § 5, 1498 § 7, 1528 § 10, 1539 § 10, 1562 § 10, § 16 § 19, 1611, 1618 § 4, § 5, 1634 § 5, 1883 § 9, 1900 § 8, 1986 § 8, 2003 § 2, 2015 § 2, § 7, 2114 § 8.
	40	56	1487 § 8, 1528 § 5, 1825 § 3, 2015 § 11, 2118 § 2.
	41	57	229, 1132 § 11, 1210 § 4, 1293 § 1, 1999 § 1.
	42	59	216, 359, 390 no 16, 548 no 2, 1132 § 1, 1156 § 2, 1173 § 9, 1187 § 1, § 2, 1249 § 2, 1370 § 2, 1422 § 4, 1767 § 1, 1786 § 1, 1814 § 3, 1844 § 1, § 2, § 12, 1851, 1857 § 1, 1875 § 1, 1883 § 1, 1999 § 8, 2019 § 1, 2090, 2137 § 2, 2160 § 1, 2163 § 1.

DATE des Lois, Décrets, Ordonnances.	ARTICLES.	NUMÉROS de la Refonte.	NUMÉROS des Instructions.
Loi du 22 frimaire an VII.	43	61	359, 390 n° 12, 1173 § 9, 1249 § 2, 1767 § 4, 1909.
	44	62	
	46	63	
	47	64	1851, 2033 § 1, 2163 § 2.
	48	65	
	49	66	232, 458 n° 2, 596, 920, 1075, 1156 § 10, 1210 § 8, 1502 § 26, 2019 § 8.
	50	67	920.
	51	68	920, 1458 § 10.
	52	69	1814 § 17
	53	70	486.
	54	71	293, 934, 1141, 1173 § 9, 1577 § 10, 1814 § 17, 1920 § 4, 2019 § 2, 2131. 1187 § 16, 1239 § 2.
	55	72	70.
	56	73	1446 § 2.
	57	74	1393, 1481 § 1.
	58	75	1590 § 16, 1962.
	59	76	1423, 1490 § 3, 1528 § 47, 1710 § 4, 1837 § 10, 1883 § 9, 1900 § 8.

DATE des Lois, Décrets, Ordonnances.	ARTICLES.	NUMÉROS de la Refonte.	NUMÉROS des Instructions.
Loi du 22 frimaire an VII,	60	77	386 n° 29, n° 30, 1132 § 8. 1166 § 9, 1173 § 4, 1180 § 4, 1187 § 1, 1200 § 7, § 9, 1204 § 5, 1328 1437 § 14, 1498 § 2, § 3, § 5, 1528 § 17, 1577 § 11, 1601 § 10, § 11, 1615 § 7, 1618 § 2, § 8, 1630 § 6, § 7, 1634 § 13, 1661 § 10, § 11, § 12, 1697 § 7, § 8, 1743 § 14, 1786 § 5, 1837 § 2, 1844 § 13, § 14. § 16, 1857 § 11, § 12, § 13, § 14, § 15, § 18, 1862, 1946 § 5. 2010 § 9, 2015 § 10, 2019 § 2, 2078 § 5, 2114 § 10, 2142 § 1, § 3.
	61	79	208, 306, 386 n° 28, 424, 491, 509, 1189 § 5, § 6, 1200 § 14, 1219 § 3, 1226 1256 § 1, 1320 § 7, 1352, 1354 § 9, 1410 § 1, § 9, 1437 § 5, § 11, 1451 § 1, 1467 § 9, § 13, 1481 § 9. 1524, 1537, 1562 § 21, 1590 § 14, § 15, 1601 § 7, § 11, 1615 § 7, 1618 § 8, 1630 § 7, 1634 § 13, § 20, 1693 § 3, 1743 § 12, 1723 § 8, 1732 § 18, 1743 § 22, § 24, 1844 § 10, § 15, 1857 § 13, 1875 § 6, 1885 § 11, 1900 § 3, § 9, 1946 § 3, 1982 § 5, 1985, § 6, 2010 § 10,

DATE des Lois, Décrets, Ordonnances.	ARTICLES.	NUMÉROS de la Refonte.	NUMÉROS des Instructions.
Loi du 22 frimaire an VII.			2019 § 9, 2033 § 1, § 8. 2054 § 1, 2078 § 3, 2088 § 2, 2096 § 4, § 5, § 11, 2118 § 3, 2137 § 1, § 11, 2142 § 1, § 2, 2150 § 1, 2160 § 4.
	62	80	1388 § 1.
	63	81	1018, 1537.
	64	82	12, 1370 § 11, § 14, 1537, 1634 § 13, 2150 § 1.
	65	83	369, 1205 § 18, 1219 § 11, 1293 § 20, 1303 § 25, 1336 § 15, § 16, 1381 § 13, 1446 § 15, 1451 § 2, 1467 § 12, 1473 § 8, 1481 § 19, 1504 § 15, 1528 § 26, § 27, 1537, 1539 § 11, § 12, 1562 § 34, § 35, § 36, § 37, 1577 § 33, 1643 § 10, 1664 § 15, 1668 § 9, 1693 § 7, 1697 § 6, 1743 § 25, 1767 § 23, 1796 § 32, 1825 § 6, 1844 § 2, § 24, § 25, 1857 § 9, § 23, 1885 § 10, 1912 § 5, 1967 § 5, § 10, 1999 § 4, § 7, § 8, 2033 § 2, § 3, 2060 § 4, 2114 § 6, 2137 § 5.
	66	84	1537, 1891.
	67	85	

11...

DATE des Lois, Décrets, Ordonnances.	ARTICLES.	NUMÉROS de la Refonte.	NUMÉROS des Instructions.
Loi du 22 frimaire an VII.	68 § 1	14, 86 § 3, § 5, § 6	Tarif.
	— § 2	86 § 5, § 6	id.
	— § 3	86 § 6	id.
	— § 4	86 § 8	id.
	— § 5	86 § 9	id.
	— § 6	86 § 10	id.
	69 § 2	57, 87 § 5 6	id.
	— § 3	78, 87 § 3, 6.	id.
	— § 4	87 § 7, § 10	id.
	— § 5	— § 9, 10, 13	id.
	— § 6	— § 11, 14	id.
	— § 7	— § 14, 17	id.
	70 § 1	88 § 1	607, 1102, 1504 § 5, 1528 § 8, 1562 § 4, 1743 § 3, 1755 § 8, § 13, 1953.
	— § 2	— § 2	1012, 1303 § 1, 1481 § 11, 1577 § 16, 1850, 1953, 2123, § 3.
	— § 3	— § 3	240, 440, 883, 1086 § 2, 1180 § 4, 1271, 1460, 1481 § 6, 1498 § 9, 1590

DATE des Lois, Décrets, Ordonnances.	ARTICLES.	NUMÉROS de la Refonte.	NUMÉROS des Instructions.
Loi du 22 frimaire an VII.			§ 13, 1601 § 9, 1630 § 5, 1697 § 3, 1723 § 1, 1796 § 9, 1953.
Loi du 22 pluviôse an VII.	6	37, 87 § 9.	326 § 5, 1440 § 13.
Loi du 21 ventôse an VII.	5	86 § 5	
Loi du 6 prairial an VII.	1	89	87.
Loi du 27 ventôse an IX.	2	5	386 n° 1.
	3	6	386 n° 1, 1487 § 3.
	4	31, 49.	1150 § 9, § 10, 1173 § 4, 1229 § 5, 1562 § 21, 1601 § 6, § 7, 1618 § 6, 1668 § 3, 1814 § 14, 1844 § 10. 2096 § 10.
	5	26	1537, 2019 § 5.
	7	28, 48.	390 § 6.
	11	87 § 9.	
	12	86 § 6.	1347 § 4, 1539 § 11, § 12, 1537, 1562 § 56, 1844 § 25.
	14	28, 86 § 10.	311.

12

DATE des Lois, Décrets Ordonnances.	ARTICLES.	NUMÉROS de la Refonte.	NUMÉROS des Instructions.
Loi du 27 ventôse an IX.	15	28	386 n° 31.
	16	18	203, 228
	17	83	1029, 1205 § 18, 1336 § 16, 1537, 1577 § 33, 1643 § 10, 1723 § 9, 1743 § 25, 1844 § 23 § 24, 1885 § 10, 1912 § 5, 1967 § 5, 1999 § 4, 2033 § 2, § 3.
Loi du 15 floréal an X.	10	87 § 9.	61.
Loi du 25 ventôse an XI.	30	70	263.
Loi du 5 ventôse an XII.	112	87 § 9.	215.
Décret du 31 mai 1807.	1	86 § 10.	330, 555.
Décret du 12 août 1807.	5	28	386 n° 6, 561.
Décret du 26 avril 1808.	1	20 n° 1.	386 n° 20.
Décret du 24 juin 1808.	6	87 § 6.	413,

DATE des Lois, Décrets, Ordonnances.	ARTICLES.	NUMÉROS de la Refonte.	NUMÉROS des Instructions.
Loi du 15 novembre 1808.	1	25	411, 1537, 1740 § 2, 1960 § 3.
Décret du 17 mai 1809.	138	86 § 6	
Décret du 24 décembre 1812.	3	86 § 5	657, 1030, 1293 § 3, 1661 § 2.
Décret du 14 juin 1813.	46	70	659.
Loi du 28 avril 1816.	38	9, 48, 66, 87 § 5.	920, 1012, 1473 § 2.
	39	8	1256 § 7.
	40	55, 78 n° 3.	1467 § 4, 2096 § 5.
	41	86 § 2	1796 § 11.
	42	— § 3	758.
	43	— § 5	758, 1012, 1166 § 4, 1437 § 7, 1519, 1528 § 4, 1562 § 24, 1634 § 1, 1683 § 7, 1723 § 6, 1755 § 13, 1857 § 1, 2033 § 1, 2118 § 3.
	44	— § 6	758, 1086 n° 1, 1104, 1370 § 5, 1458 § 5, 1528 § 15, 1577 § 5, 1615 § 9, 166· § 7, 1675 § 8, 1767 § 11.

DATE des Lois, Décrets, Ordonnances.	ARTICLES.	NUMÉROS de la Refonte.	NUMÉROS des Instructions.
Loi du 28 avril 1816.	45	86 § 8	758, 1370 § 5, 1414 § 2. 1513 § 1, 1615 § 2, 1618 § 4. § 9. 1837 § 14, 1857 § 13, § 15, 2054 § 1, 2132 § 1, 2163 § 6.
	46	— § 9	758.
	47	— § 11	758.
	48	— § 12	758.
	49	— § 13	758.
	50	87 § 4, § 5, 88 § 3.	739, 883, 1282 § 3, 2111 § 1.
	51	87 § 6	758, 786, 872, 876 890, 983 n° 2, 1219 § 2, 1422 § 1, 1504 § 2, 1528 § 1, 2114 § 7, 2142 § 6.
	52	— § 17	903, 917, 1121, 1205 § 9, 1236 § 5, 1303 § 12, § 14, 1307 § 2, 1354 § 10, 1404 § 7, 1410 § 11, 1422 § 12, 1528 § 16, 1539 § 10, 1562 § 28, 1577 § 17, 1604 § 5, 1618 § 10, 1643 § 7, 1675 § 10, 1710 § 7, 1723 § 6, 1732 § 12, § 14, 1755 § 16, 1767 § 13, 1825 § 7, 1857 § 18, 1875 § 12, 1900 § 2, 1967 § 9, § 10, 1982 § 2, 1986 § 15, 2019 § 6, 2042 § 2, § 11, 2054 § 1, 2118 § 3, 2137 § 12, § 15, 2160 § 8.

DATE des Lois, Décrets, Ordonnances.	ARTICLES.	NUMÉROS de la Refonte.	NUMÉROS des Instructions.
Loi du 28 avril 1816.	53	87 § 8, § 12, § 15, § 22	1187 § 5, 1467 § 5, 1590 § 6, 1618 § 4, 1643 § 4, 1693 § 2, 1767 § 6, 1796 § 15, § 16, 1857 § 7, 1946 § 2, 1986 § 8, 2015 § 2.
	54	16, 87 § 8, § 10, § 12, § 13, § 14, § 15, § 17	758, 832, 903, 917 983 n° 3, 1121, 1205 § 9. 1229 § 12, 1236 § 5, 1249 § 7, 1263 § 1, 1282 § 1. 1307 § 2, 1320 § 9, 1347 § 1, 1354 § 10, 1398 § 1, 1410 § 11, 1422 § 12. 1446 § 1, 1458 § 1, 1490 § 12, 1513 § 6. 1528 § 14, 1590 § 1, 1601 § 1, § 4, 1615 § 10. 1618 § 10, 1630 § 1, 1634 § 14, 1643 § 3, § 7, 1661 § 1, § 6, 1675 § 1, 1686, 1713 § 5, 1743 § 1, 1755 § 15, 1767 § 10, § 12, 1786 § 10, 1796 § 22, 1814 § 1, § 14, § 18, § 19, 1825 § 1, § 7, 1837 § 5, § 6, § 12, § 14, § 15, 1844 § 17, 1857 § 3. § 15, § 16, § 17, 1875 § 3, § 10, 1883 § 5, § 6, 1912 § 2, 1946 § 4, § 5, 1960 § 4, 1982 § 2, 1999 § 5, § 6, 2010 § 6, 2015 § 7. 2042 § 11, 2114 § 5, 2118 § 3, 2137 § 15, 2163 § 6.
	55	87 § 23	1282 § 4.
	56	58	1132 § 11, 1212 § 1,

DATE des Lois, Décrets, Ordonnances.	ARTICLES.	NUMÉROS de la Refonte.	NUMÉROS des Instructions.
Loi du 28 avril 1816.	57	52	1205 § 8, 1210 § 5, 1401 § 1, 1473 § 3, 1851, 1883 § 1, 2142 § 2, 2163 § 2.
	58	17	762, 859, 978, 1156 § 2, 1256 § 3, 1703, 1720, 2077.
	73	86 § 5	758.
Ordonnance du 22 mai 1816.	1	86 § 5	726, 1166 § 12, 1953.
Loi du 25 mars 1817.	74	88 § 1	768, 1102, 1166 § 12, 1607 1953.
	75	88 § 2	768, 978, 1699.
Loi du 21 avril 1818.	41	88 § 2	830, 978.
	64	28, 86 § 5	830, 978, 1132 § 14, 1180 § 8, 1796 § 24.
	65	28	1091, 1208.
Loi du 15 mai 1818.	73	86 § 5	834, 844, 872, 1166 § 3, 1414 § 1, 1608, 1732 § 1, 2093 § 1, 2114 § 7, 2123 § 1, § 3, 2142 § 6.
	74	87 § 5	834, 904 n° 1, 940, 983 § 4, 1473 § 6, 1814 § 20.

DATE des Lois, Décrets, Ordonnances.	ARTICLES.	NUMÉROS de la Refonte.	NUMÉROS des Instructions.
Loi du 15 mai 1818.	75	21	834, 1545.
	78	9, 28	834, 1236 § 1, 1336 § 10, 1354 § 8, 1440 § 1, 1437 § 1, 1577 § 6, 1634 § 10, 1697 § 1, 1743 § 6.
	79	48	834.
	80	88 § 3	834, 922, 1025, 1166 § 2.
	82	66, 71	834, 1634 § 10.
Loi du 16 juin 1824.	1	87 § 1	1136, 1504 § 2, 1604 § 13, 14, § 15. 1683 § 10, 1713 § 9, 1743 § 17, 1796 § 27, 1844 § 18, 1900 § 1, 2033 § 6, 2042 § 10, § 11, 2160 § 8.
	2	87 § 10	1136, 1875 § 4.
	3	87 § 6	1136, 1187 § 4, 1205 § 6, 1245 § 10, 1303 § 7, 1336 § 5, 1354 § 2, 1370 § 3, 1401 § 3, 1425 § 6. 1437 § 12, 1481 § 2, 1562 § 9, 1577 § 8, § 9, 1582, 1615 § 1, 1618 § 1, 1643 § 2, 1661 § 5, 1683 § 2, 1796 § 7, 1814 § 9, 1825 § 4, 1837 § 3, 1875 § 3, 1900 § 3, 2060 § 2.
	4	86 § 9	1136, 1156 § 2, 1256 § 4, 1703, 1929 § 4.

12.

DATE des Lois, Décrets, Ordonnances.	ARTICLES.	NUMÉROS de la Refonte.	NUMÉROS des Instructions.
Loi du 16 juin 1824.	5	86 §§ 5, 87 §§ 2	1136.
	6	86 §§ 3, 88 §§ 2	1136, 1746, 1814 § 11, 1850.
	10	44, 45, 48, 57, 59, 61, 62, 66, 68, 69, 71, 72, 74	1173 §§ 1, 1249 §§ 3, 1490 § 5, 1796 §§ 9, 2137 §§ 2.
	11	57, 59, 66	1136.
	13	60	2137 §§ 2.
	14	79 n° 1	1256 §§ 9, 1562 §§ 21, 1577 §§ 13, 1601 §§ 7, 1618 §§ 6, 1844 §§ 10, 1885 §§ 11, 1900 §§ 9, 1946 §§ 2, 1981 §§ 5, 2010 §§ 10, 2033 §§ 1, 2142 §§ 2, 2160 §§ 4.
Loi du 8 septembre 1830.	1	86 § 5	1332, 1354 §§ 7, 1481 §§ 10, 1504 §§ 4, 1562 § 22, 1743 §§ 10, 1837 §§ 9, 1920 § 2.
Loi du 22 mars 1831.	121	88 §§ 2	1442.
Loi du 22 avril 1832.	1	87 §§ 23	
	2	88 §§ 2	

DATE des Lois, Décrets, Ordonnances.	ARTICLES.	NUMÉROS de la Refonte.	NUMÉROS des Instructions.
Loi du 24 avril 1832.	30	88 § 3	1399.
	33	87 § 15, § 16, § 17, § 18, § 19, § 20, § 21, § 22.	1399, 1590 § 6. 1618 § 4. 1693 § 2, 1814 § 13, 1857 § 7, 1912 § 1.
Loi du 24 mai 1834.	11	86 § 5	1471, 1528 § 7, 1786 § 1.
	12	87 § 5	1471, 1755 § 9.
	13	86 § 6	1471.
	14	86 § 6, 87 § 5	1471, 1504 § 9, 1713 § 3.
	15	86 § 5	1471.
	16	87 § 10	1471.
	23	8	1457, 1634 § 12,
Loi du 12 mai 1835.	7	87 § 6	
Loi du 24 mai 1836.	20	86 § 3	1520, 1627, 1684, 1763, 1764, 1768, 1929 § 1, 2144 § 2.
Loi du 20 juillet 1837.	12	87 § 23	

DATE des Lois, Décrets, Ordonnances.	ARTICLES.	NUMÉROS de la Refonte.	NUMÉROS des Instructions.
Ordonnance du 17 avril 1839.	42	28	1594.
Loi du 22 mars 1841.	10	88 § 2	1650.
Loi du 3 mai 1841.	58	78 n° 6, 88 § 2	1660, 1689, 1698, 1796 § 12, 1814 § 2, 1832, 1837 § 1, 1900 § 5, 1967 § 4, 2010 § 1, 2078 § 1, 2088 § 4, 2093 § 1, 2106 § 1, § 2, 2144 § 7, 2137 § 1, 2142 § 1.
Loi du 25 juin 1841.	7	87 § 9	1640, 1883 § 2, 2049 § 2.
	8	87 § 9	1640, 2049 § 2.
	9	87 § 9	1640, 2049 § 2.
	10	87 § 5, § 9	1640, 1893.
	11	53	1640, 1659, 1989.
	12	54	1640, 1825 § 2, 1893.
	13	55, 87 § 23	1640, 1825 § 2.
	14	78 n° 5	1640, 1677, 1883 § 2, 2160 § 4.
Loi du 19 juillet 1845.	5	86 § 4, § 7, § 9	1736.

DATE des Lois, Décrets, Ordonnauces.	ARTICLES.	NUMÉROS de la Refonte.	NUMÉROS des Instructions.
Décret du 8 mars 1848.	10	88 § 2	1802 n° 2, 1987, 2137 § 9.
Décret du 23 mars 1848.	1	86 § 3	1802, 1825 § 11.
Décret du 24 mars 1848.	10	86 § 5	1802 n° 2, 1987, 2137 § 9.
Loi du 15 novembre 1848.	1	88 § 2	1826.
Loi du 15 mars 1849.	13	88 § 2	1833.
Loi du 30 avril 1849.	11	88 § 2	1796 § 1.
Loi du 7 mai 1849.	7	87 § 6	1836.
Loi du 18 mai 1850.	5	87 § 14	1852, 2137 § 10.
	6	15	1852, 2010 § 3, 2148 § 1.
	7	19, 51, 88 § 3	1852.
	8	86 § 3, § 5	1852, 1903, 1929 § 1.

DATE des Lois, Décrets, Ordonnances.	ARTICLES.	NUMÉROS de la Refonte.	NUMÉROS des Instructions.
Loi du 18 mai 1850.	10	87 § 6, 7, 8, 10, 11, 12, 15, 16, 17, 18, 19, 20, 21, 22	1852, 1912 § 1.
	11	79 n° 2, 3, 88 § 3	1852.
Loi du 13 juin 1850.	106	88 § 2	1888.
Loi du 18 juin 1850.	11	88 § 2	1880, 1960 § 2.
Loi du 10 juillet 1850.	1	88 § 2	1872.
Loi du 15 juillet 1850.	9	88 § 3	1932.
Loi du 7 août 1850	9	88 § 1	1861, 1958.
	17	87 § 23	1864.
Loi du 10 décembre 1850.	4, 5, 6, 7, 8, 9, 10	88 § 2	1876.

DATE des Lois, Décrets, Ordonnances.	ARTICLES.	NUMÉROS de la Refonte.	NUMÉROS des Instructions.
Loi du 22 janvier 1851.	14	88 § 1	1879.
	27	88 § 1	1879, 1971, 2062 § 2, 2115.
Loi du 22 février 1851.	2	86 § 3	1878.
Loi du 30 mai 1851.	19	28	1896.
Décret du 28 février 1852.	14	86 § 1	
Décret du 23 avril 1852.	2	86 § 3	2049 § 4, 2088 § 4.
Loi du 8 juillet 1852.	26	79 n° 4	1933, 1955.
Décret du 10 août 1853.	28	86 § 3, 88 § 4	1994.
Décret du 16 août 1853.	31	88 § 1	2007.
Décret du 9 novembre 1853.	30, 35	88 § 3	1990.

DATE des Lois, Décrets, Ordonnances.	ARTICLES.	NUMÉROS de la Refonte.	NUMÉROS des Instructions.
Décret du 1er mars 1854.	493	28	2018, 2132 § 3.
Loi du 6 juin 1857.	1	86 § 5	2099.
Loi du 23 juin 1857.	6, 7, 8, 9	87 § 2, § 3	2102, 2104, 2106 § 4, 2107 2111 § 3, 2124.
Décret du 17 juillet 1857.	10	87 § 2, § 3	2102, 2104, 2106 § 4, 2107 2111 § 3, 2124.
Loi du 28 mai 1858.	1, 4	87 § 1	2149.
Loi du 28 mai 1858.	13	86 § 3, 87 § 5	2149
Loi du 11 juin 1859.	22	7	2153.

FIN

TABLE

—

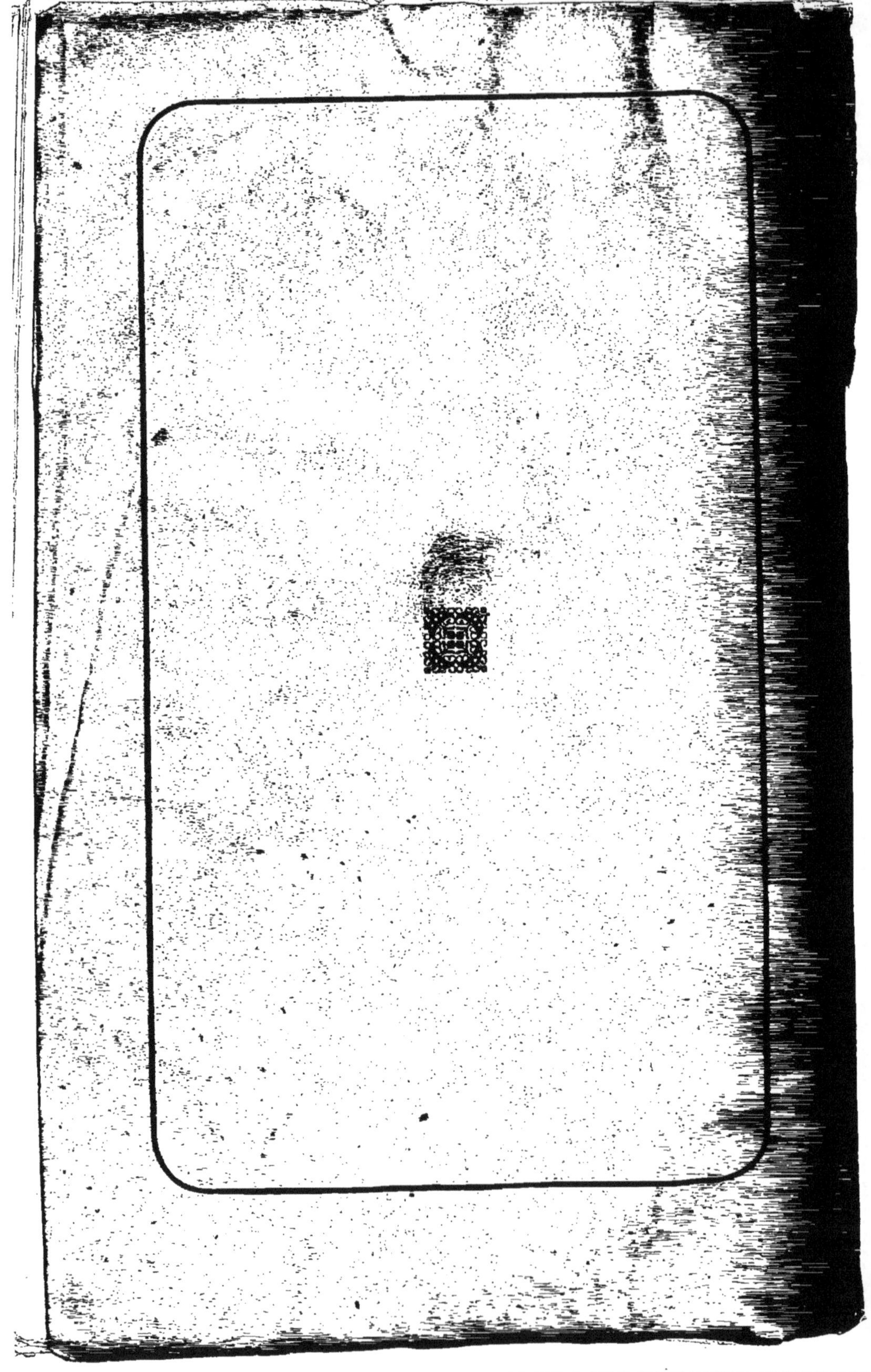

www.ingramcontent.com/pod-product-compliance
Ingram Content Group UK Ltd.
Pitfield, Milton Keynes, MK11 3LW, UK
UKHW022336090726
13658UKWH00001B/307